MAGDEBVRGVM.
A VENERE QVÆ
IC QVONDAM COLE:
ATVR PARTHENO
OLIS DICTA, metropo
ica Saxonæ orbis, opibus &
athoritate memorabilis, perau:
sto murorum ambitu, & Al:
bis fluuij vicinitate,
illius Iris &c.

Magdeburg – gestern und heute

Stadtansicht von Magdeburg, 1572

Wenige Städte sind in so dramatischer Weise Spiegelbilder der Höhen und Tiefen deutscher Geschichte der letzten 1200 Jahre wie Magdeburg. Aufgrund seiner günstigen Lage an einem Übergang über die Elbe bildete sich hier schon im frühen Mittelalter ein wichtiger Knotenpunkt sternförmig aufeinander treffender Fernstraßen heraus. An der Grenze des fränkischen Reiches zum Gebiet der Slawen gelegen, erfuhr der Grenzhandelsort besondere Förderung, als Otto I. im Jahr 929 die Stadt seiner Gemahlin Editha als Morgengabe übereignete. Der 955 begonnene Bau eines ersten Doms, der nach seiner Vernichtung durch ein Feuer ab 1209 durch einen Neubau im damals ganz neuen gotischen Stil ersetzt wurde, demonstrierte aller Welt die politische, religiöse und wirtschaftliche Bedeutung der Stadt.

Seinen Reichtum verdankte Magdeburg im Mittelalter vor allem dem Handel mit Salz, Bier, Holz, Tuchen und Metallen. Seit dem 14. Jahrhundert gab es enge Beziehungen zur Hanse, für deren Mitglieder die Stadt an der Elbe als bedeutender Umschlagplatz für den Straßen-

Der **Name Magdeburg** ist seit dem 10. Jahrhundert als »Magadoburg« oder »Magathaburg« belegt. Während das Grundwort Burg klar ist, gibt es für das Bestimmungswort keine verlässliche Erklärung. Ob ihm ein (nicht gesichertes) germanisches Adjektiv »magap« für »groß, mächtig« zugrunde lag, bleibt Spekulation. In der Volksetymologie wurde das Wort von »Magd« (Jungfrau) hergeleitet, und so findet sich auch bis heute im Stadtwappen das Bild einer Frau (siehe S. 64).

Der Magdeburger Dom von Nordosten, Gemälde von Carl Hasenpflug, 1832

und Flusshandel fungierte. Dank dieser weitreichenden Handelskontakte erlangte das in der Stadt entwickelte »Magdeburger Recht« enormen Einfluss und wurde in vielen Gebieten Mittel- und Osteuropas übernommen, da es die Rechtssicherheit stärkte, Fragen des kaufmännischen Rechts auf moderne Weise regelte und im Strafrecht die Sippenhaftung abschaffte, sodass fortan nur noch der Täter und nicht auch seine Familie zur Rechenschaft gezogen werden durfte.

Einen Höhepunkt erlebte die Stadt in der Mitte und der zweiten Hälfte des 16. Jahrhunderts. Bereits 1524 war die Reformation eingeführt worden. Nachdem die kaiserlichen Versuche einer Rekatholisierung erfolgreich abgewiesen waren, entwickelte sich Magdeburg zu »Unseres Herrgotts Kanzlei«, dem nach und mit Wittenberg bedeutendsten Ort der Publikation reformatorischer Schriften.

Dafür rächten sich die kaiserlichen Truppen unter Tilly während des Dreißigjährigen Krieges auf furchtbare Weise – sie zerstörten die Stadt 1631 vollständig, lediglich der Dom und das Stift Unser Lieben Frauen überstanden die Gräuel, die als »magdeburgisieren« in den Schreckenswortschatz der Deutschen eingingen. Mit 20 000 (oder gar 30 000) Toten gilt dies als das größte Einzelmassaker des Dreißigjährigen Krieges.

Otto von Guericke, Bürgermeister von Magdeburg und Erfinder der »Magdeburger Halbkugeln«

1680 fiel Magdeburg an Brandenburg-Preußen. Unter der Herrschaft der preußischen Könige wurde die Stadt zur stärksten Festung des Landes ausgebaut. Nicht zuletzt dank der Ansiedlung protestantischer Flüchtlinge aus Frankreich bzw. aus der Pfalz erlebte die Stadt einen kulturellen und wirtschaftlichen Aufschwung.

Infolge der Niederlage Preußens gegen Frankreich 1806 kam Magdeburg zum Königreich Westphalen und wurde Sitz des Elbdepartements. 1814 nach Preußen zurückgekehrt und 1816 zur Hauptstadt der Provinz Sachsen erhoben, entwickelte sich Magdeburg im Zuge der Industrialisierung zu einem Zentrum des Maschinenbaus. Zugleich wurde die Stadt an der Elbe als Sitz des Hauptquartiers des IV. Armee-Korps stark vom Militär geprägt.

Aufgrund seiner Bedeutung als Standort von Betrieben der Rüstungsindustrie wurde Magdeburg ab 1943 systematisch durch alliierte Bomberverbände angegriffen. Der Luftangriff vom 16. Januar 1945 zerstörte etwa 90 % der Altstadt, mindestens 2000 Menschen kamen ums Leben, weitere 190 000 wurden obdachlos.

Seit dem 1. Juli 1945 gehörte Magdeburg zur Sowjetischen Besatzungszone, ab 1949 zur DDR, seit 1952 als Hauptstadt des neu gebildeten Bezirks Magdeburg.

Hermann Gruson
1821–1885, Ingenieur und Unternehmer. Als Sohn hugenottischer Einwanderer studierte Gruson in Berlin und arbeitete in der Maschinenfabrik von August Borsig. In seine Geburtsstadt Magdeburg zurückgekehrt, gründete er 1855 eine Maschinenfabrik und Schiffsbauwerkstatt. Durch Verbesserungen bei der Herstellung von Eisen wurden Hartguss-Produkte von Gruson zu Markenartikeln in der Produktion von zivilen wie militärischen Erzeugnissen. 1893 wurde das Unternehmen von Krupp übernommen, nach 1945 bildete es die Grundlage des Schwermaschinenbau-Kombinats »Ernst Thälmann«.

Breiter Weg, um 1930

Der 1955 gegründete **Sportclub Magdeburg (SCM)** ist vor allem durch seine Handballabteilung weit über die Grenzen der Stadt hinaus berühmt. Als erster deutscher Handballverein konnte er 2002 die Champions League gewinnen, und mit dem Gewinn des DHB-Pokals 2016 holten die Magdeburger in ihrer 60. Saison ihren 30. Titel im Herrenbereich. Geradezu legendären Status gewann Stefan Kretzschmar, der von 1996 bis 2007 in 421 Bundesligaspielen 1694 Treffer erzielte; zugleich absolvierte er für die deutsche Nationalmannschaft 218 Länderspiele, in denen er 821 Tore warf.

Nachdem die ungeheuren Trümmermassen beseitigt waren, entstanden im Stadtzentrum große Wohnbauten, zunächst im Stil des Sozialistischen Klassizismus (heute zumeist unter Denkmalschutz), dann im Stil der Internationalen Moderne in Plattenbauweise (nach 1990 oft abgerissen). Zugleich wurde Magdeburg zum Zentrum des (Schwer-) Maschinenbaus der DDR entwickelt. Sowohl im Fußball als auch im Handball gehörte die Stadt zu den Schwergewichten des DDR-Sports.

Nach der Friedlichen Revolution wurde Magdeburg zur Hauptstadt des 1990 neu gebildeten Landes Sachsen-Anhalt. Die Wiedervereinigung bedeutete den Verlust Zehntausender Industriearbeitsplätze, mehr als 60 000 Einwohner verließen die Stadt. Heute leben gut 240 000 Menschen in der Landeshauptstadt. Seit mehr als dreißig Jahren wird das lebhafte Baugeschehen einerseits durch Sanierungen, andererseits von Abrissen und umfangreichen Neubauten geprägt. In Erinnerung an Otto I. und Otto von Guericke vermarktet sich die Stadt seit 2010 unter der Kampagne »Ottostadt Magdeburg«. Im gleichen Jahr beteiligte sich Magdeburg an der IBA (Internationale Bauausstellung) mit dem Thema »Leben an und mit der Elbe«, um künftig den Bezug zum Fluss wieder in den Mittelpunkt der Stadtplanung zu rücken.

Magdeburg am Ende des Zweiten Weltkriegs, 1945

1 | Hauptbahnhof

Wo sich heute das Gebäude des Hauptbahnhofs erhebt, befanden sich ursprünglich Anlagen der Festung Magdeburg. Die ersten, 1839–1849 errichteten Bahnhöfe lagen am Ufer der Elbe. 1870 konnten die damals noch privaten Eisenbahngesellschaften 33 Hektar des Festungsgeländes im Westen kaufen. Im gleichen Jahr wurde der Grundstein für den neuen Zentralbahnhof Magdeburg gelegt. 1872–1882 entstand das östliche Empfangsgebäude im Stil eines toskanischen Palazzo. Die offizielle Übergabe für den Verkehr erfolgte am 18. August 1873. Beim Luftangriff am 16. Januar 1945 wurde auch der Hauptbahnhof getroffen. Das Empfangsgebäude wurde schwer beschädigt. Ab 1946 erfolgte der Wiederaufbau, jedoch ohne die Dachkonstruktionen der historischen Bahnhofshalle. Auf dem Bahnhofsvorplatz steht das Kunstobjekt »Erdachse« von Timm Ulrichs, eine 12,7135 Meter lange schwarze Granitsäule, deren Neigung parallel zur Erdachse liegt. In der Mitte der Granitsäule befindet sich eine rot-schwarze Kreisscheibe, die den Äquator darstellt. Die Säule dreht sich in 24 Stunden einmal um ihre eigene Achse. In die Kreisscheibe sind die Zahlen 1 bis 24 eingraviert, sodass man an ihrem unteren Rand stets die genaue Uhrzeit ablesen kann.

»Erdachse« von Timm Ulrichs

Heinrich Apel
Geb. 1935, Bildhauer.
Nach einem Studium
an der Kunsthochschule
Burg Giebichenstein in
Halle ließ sich Apel in
Magdeburg nieder, wo er
bis heute lebt und wirkt.
Mit zahlreichen Plastiken,
Brunnen, Bronzetüren und
Architekturdetails prägt er
das Antlitz der Stadt wie
kaum ein zweiter Künstler
des 20. Jahrhunderts.
Besonders seine Arbeiten
für den Dom, das Kloster
Unser Lieben Frauen
und die Johanniskirche
sowie der Faun- und der
Eulenspiegel-Brunnen
sind eindrucksvolle Zeugnisse seiner künstlerischen
Arbeit. Weitere Werke sind
u. a. in Berlin, Dresden,
Frankfurt an der Oder und
Worms zu bewundern.

2 | Stalin-Bauten an der Ernst-Reuter-Allee

Am 16. Januar 1945 zerstörten alliierte Bombergeschwader 80 Prozent der Magdeburger Altstadt. Schon bald nach dem Krieg begannen die Architekten mit den Planungen für eine »sozialistische Musterstadt«. Entlang der ehemaligen »Prachtstraße« Wilhelm-Pieck-Allee, benannt nach dem ersten und einzigen Präsidenten der DDR, entstanden in den fünfziger Jahren repräsentative und noch heute attraktive Wohnbauten im neoklassizistischen Stil.

Die Wohngebäude liegen sich in zwei Ensembles beiderseits der Ernst-Reuter-Allee gegenüber. Der Komplex an der Ernst-Reuter-Allee ist mit Innenhof und zeitgenössischer Kunst über den Arkaden vollständig erhalten, die Gebäude am Ulrichplatz gegenüber haben hingegen keinen abgeschlossenen Hof mehr. Wohnungen und Treppenhäuser weisen bis heute die originale Innenarchitektur auf.

Die Bauten sind ein hervorragendes Beispiel für die stark von sowjetischen Einflüssen geprägte Architektur der frühen DDR-Zeit. Neben den mächtigen, klar gegliederten Fassaden weisen die monumentalen Gebäude reiche Verzierungen mit klassizistischen Details auf. Dekorative Figuren und Fresken an den Fassaden zeigen

kräftige Arbeiter, arbeitsame Bäuerinnen und selbstbewusste Ingenieure. Die 1997 sanierten Wohnhäuser stehen unter Denkmalschutz.

In den Grünanlagen befindet sich ein Denkmal von Heinrich Apel, das an die Rettung eines Kindes durch einen sowjetischen Offizier erinnert, der geistesgegenwärtig seinen Mantel aufhielt, als das Mädchen 1969 vom Haus Wilhelm-Pieck-Allee 24 aus 22 Metern Höhe abstürzte.

3 | Ehemalige Ulrichskirche

Wenige Schritte später stößt man auf ein in Bronze gegossenes Modell der Ulrichskirche, die bis zu ihrer Sprengung 1956 an dieser Stelle stand. St. Ulrich und Levin, wie die Kirche korrekt hieß, war nach St. Johannis die zweitälteste Kirche Magdeburgs. Entstanden im ersten Drittel des 11. Jahrhunderts, spielte sie in der Zeit der Reformation eine besondere Rolle. Im September 1524 wurde Nikolaus von Amsdorf, ein enger Vertrauter Martin Luthers, Prediger an Sankt Ulrich und zugleich Superintendent von Magdeburg. Nach der Besetzung Wittenbergs durch kaiserliche katholische Truppen im Jahr 1547 flohen viele Gelehrte der Universität Wittenberg nach Magdeburg. Im Pfarrhaus von Sankt Ulrich verfassten sie Hunderte

Streitschriften gegen den Kaiser und für den Protestantismus, woher der für die Stadt häufig gebrauchte Beiname »Unseres Herrgotts Kanzlei« rührte.

Bei den Bombenangriffen des Zweiten Weltkriegs wurde die Ulrichskirche stark in Mitleidenschaft gezogen. Beim Wiederaufbau der Stadt, der im Sinne der Ideologie des Sozialismus bewusst mit der bisherigen Stadtgestaltung brach, wurde die Ulrichskirche als störendes Element empfunden und am 5. April 1956 gesprengt. An ihrer Stelle entstand ein überdimensionierter freier Platz, der für Aufmärsche und Demonstrationen diente und durch einen gewaltigen, 150 Meter hohen Rathausbau (nach Vorbildern in Moskau und Warschau) bzw. nach späteren Plänen durch ein 110 Meter hohes »Haus des Schwermaschinenbaus« mit symbolträchtigem Sechskant-Grundriss gekrönt werden sollte – beide Bauten wurden jedoch nie realisiert.

Nach 1990 wurde das östlich gelegene Gebiet neu bebaut. Das dort errichtete Gebäude erhielt in Erinnerung an die ehemalige Kirche den Namen »Ulrichshaus«. Das Gelände, auf dem die Kirche gestanden hatte, bekam 1998 den Namen »Ulrichplatz«. Initiativen für einen Wiederaufbau der Kirche scheiterten, 2011 sprachen sich bei einem Bürgerentscheid 76 Prozent der Wähler dagegen aus. Jedoch gibt es den Plan, ihr Eingangsportal wieder zu errichten.

Modell der Ulrichskirche

4 | Alter Markt

Altes Rathaus

Tourist Information (Breiter Weg 22)
Mo—Sa 9.30—18 Uhr, So 9.30—15 Uhr

Der Alte Markt war über Jahrhunderte hinweg das Zentrum der Bürgerstadt (im Unterschied zum Neuen Markt vor dem Dom, dem Zentrum der Bischofsstadt). Von den vielen prächtigen Bauten der Renaissance und des Barocks hat leider fast nichts die Bomben des Zweiten Weltkriegs überstanden. Als man in den 1950er Jahren an den Neuaufbau ging, behielt man jedoch die Größe des Platzes und die Traufhöhe der Häuser bei und fügte in die Hauseingänge die alten Hauszeichen ein, die man aus den Trümmern geborgen hatte, so etwa am Haus der ehemaligen Magdeburger Börse (Industrie- und Handelskammer) oder am einstigen Haus »Zum goldenen Bienenkorb« (beide an der Südseite).

Zu den wenigen im Original erhaltenen Gebäuden gehört das Alte Rathaus. Ursprünglich befand sich hier das Versammlungshaus der Kürschnerinnung, in dessen Räumen sich ab 1238 der neu gegründete Rat zu seinen Sitzungen traf. Mehrfach im Laufe der Jahrhunderte zerstört (1293, 1631), geht das heutige Haus auf den Neu-

Hauszeichen »Zum goldenen Bienenkorb«

bau nach Plänen des Ingenieurhauptmanns Heinrich Schmutze von 1691 bis 1698 zurück, der über den mittelalterlichen Kellern, die noch heute vom Ratskeller genutzt werden, einen zweistöckigen Breitbau im Stil der italienisch-niederländischen Renaissance errichtete. Beim Wiederaufbau des im Zweiten Weltkrieg in Mitleidenschaft gezogenen Rathauses in den 1960er Jahren fügte man am Hauptportal eine große Bronzetür von Heinrich Apel ein, die in vierzehn Szenen Ereignisse aus der Geschichte Magdeburgs zeigt. Zu sehen sind u. a. Kaiser Otto I. und seine beiden Frauen, der Verfasser des »Sachsenspiegels« Eike von Repgow, Till Eulenspiegel, Otto von Guericke und Georg Philipp Telemann. Seit der letzten Renovierung 2005/06 strahlt das Alte Rathaus so schön wie nie zuvor.

Oben: Roland
Links: Eulenspiegel-Brunnen

Besondere Erwähnung verdient das Glockenspiel im Rathausturm, das Magdeburger Carillon. Entstanden 1974 nach dem Vorbild des Carillons am Rathaus von Brügge, schufen die Glockengießer Peter und Margarethe Schilling aus Apolda 47 Glocken, deren Inschriften und sonstiger Schmuck von Heinrich Apel stammen. Die kleinste Glocke wiegt 10 Kilogramm und ist 17 Zentimeter hoch; die größte bringt fast 20 Zentner auf die Waage und misst 1,15 Meter. Das automatische Glockenspiel ertönt stündlich von 10 bis 18 Uhr. An Feiertagen um 10 Uhr steigt sogar der städtische Glockenspieler persönlich auf den Turm, um die Zuhörer eine halbe Stunde lang zu unterhalten!

Links vom Hauptportal des Rathauses steht seit Ende 2005 wieder eine Roland-Figur, geschaffen unter der Leitung der Bildhauerin Martina Seffers. Die 4,80 Meter große Figur aus Cottaer Sandstein, auf deren Rückseite sich eine kleine Figur des Till Eulenspiegel findet, ist bereits die (mindestens) vierte Roland-Figur auf dem Magdeburger Marktplatz: Der erstmals 1419 erwähnte Roland war ursprünglich aus Holz und wurde 1459 durch eine steinerne Figur ersetzt. 1631 zerstört, waren seine Trümmer wohl noch bis 1727 zu erkennen. Ein dritter, 1916 errichteter hölzerner Roland wurde im Winter 1945/46 zerhackt und als Brennholz genutzt.

Erst mit der Eröffnung der Sparkasse an der bis dahin offenen Westseite des Marktes im Winter 2003 war der Wiederaufbau des historischen Platzes abgeschlossen. Vor der gläsernen Fassade steht der 1970 nach einem

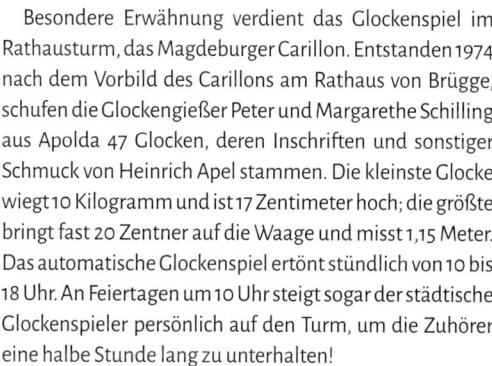

Till Eulenspiegel

In Magdeburg vollführte Eulenspiegel viele Streiche. Einmal erklärte er, er wolle vom Rathauserker herab fliegen. Neugierig versammelte sich Jung und Alt auf dem Markt. Als er oben stand, lachte er die Bürger aus: »Ich meinte, es gäbe keinen Narren in der Welt außer mir. Nun sehe ich aber, dass hier die ganze Stadt voller Narren ist. Und wenn ihr mir alle sagtet, dass ihr fliegen wolltet, ich glaubte es nicht. Aber ihr glaubt mir, einem Narren! Wie sollte ich fliegen können? Ich bin doch weder Gans noch Vogel!« Damit kehrte er sich um, lief vom Erker und ließ das Volk stehen. Die einen fluchten, die anderen lachten und sagten: »Ist er auch ein Schalksnarr, so hat er dennoch wahr gesprochen!«

Magdeburger Reiter

Johann Andreas Eisenbart

1663–1727, Wundarzt. Der Sohn eines Chirurgen und Augenarztes erlernte in Bamberg den Beruf seines Vaters. 1703 erwarb er das Bürgerrecht von Magdeburg und kaufte dort für 3100 Taler das Haus »Zum güldenen Apfel«. Nachdem er 1716 das königliche Privileg erhalten hatte, in Preußen zu praktizieren, begann sein großer Aufstieg. Mit seinem Gefolge, zu dem auch Gaukler gehörten, zog er von Stadt zu Stadt, um auf dem Markt in einem Zelt die Kranken zu behandeln. Da Eisenbart sich durch seine Truppe in marktschreierischer Weise anpreisen ließ, wurde auf ihn später ein Spottlied gedichtet, das ihn zu Unrecht als Kurpfuscher darstellt. Er galt vor allem als ein geschickter Starsterstecher und Steinschneider.

Entwurf von Heinrich Apel errichtete Eulenspiegel-Brunnen, der an den bekannten Schalk erinnert, der auch in Magdeburg die Bürger zum Narren hielt. Heute finden auf dem Alten Markt regelmäßig Wochenmärkte und andere Veranstaltungen statt, darunter als letzte Großveranstaltung des Jahres der Weihnachtsmarkt, der jedes Jahr über 150 000 Besucher anlockt.

5 | Magdeburger Reiter

Vor dem Hauptportal des Rathauses ist eine der berühmtesten Attraktionen der Stadt zu sehen, der Magdeburger Reiter. Dieses um 1240 geschaffene Denkmal gilt als das älteste freistehende, vollplastische Reiterstandbild nördlich der Alpen. Es zeigt vermutlich Kaiser Otto I. auf seinem Pferd, flankiert von zwei Frauen, die das Schild mit dem Reichsadler und die Lanzenfahne des Heiligen Mauritius tragen. Das Original befindet sich heute im Kaiser-Otto-Saal des Kulturhistorischen Museums Magdeburg; auf dem Markt steht seit 1966 eine Bronze-Kopie von Heinrich Apel. Bei der jüngsten Restaurierung des Originals wurde festgestellt, dass der Magdeburger Reiter ursprünglich in den Farben azuritblau, grün, rot und weiß bemalt war und erst im 17. Jahrhundert vergoldet wurde. Ihre heutige Vergoldung erhielt die Kopie auf dem Markt im Jahr 2000. Die Reiterstatue war über Jahrhunderte hinweg ein Sinnbild für die Freiheit der Stadt, da Kaiser Otto als Garant der städtischen Selbstständigkeit gesehen wurde.

6 | Neues Rathaus und Otto-von-Guericke-Denkmal

Im Laufe der Zeit wurde das Rathaus am Alten Markt für die wachsende Verwaltung zu klein, sodass 1905–1907 nördlich des bisherigen Rathauses das heutige Neue Rathaus errichtet wurde. Hier zogen die städtische Sparkasse, die Stadtbibliothek und das Stadtarchiv (welches noch heute hier zu finden ist) ein. Bei den alliierten Luftangriffen 1944/45 brannte das Neue Rathaus aus. Nach 1950 wurde es wieder errichtet und dient heute gemeinsam mit dem Alten Rathaus als Sitz der kommunalen Selbstverwaltung.

1907 ehrte die Stadt Magdeburg ihren großen Sohn Otto von Guericke mit einem überlebensgroßen Denkmal, das den einstigen Politiker und Erfinder sitzend zeigt, zu seinen Füßen die Magdeburger Halbkugeln. Mit dem linken Arm stützt er sich auf sein wissenschaftliches Hauptwerk »Experimenta Nova (ut vocantur) Magdeburgica de Vacuo Spatio«, in der rechten Hand hält er den nach der Zerstörung der Stadt 1631 angefertigten Stadtplan. Die Bronzeskulptur wurde von dem Bildhauer Carl Friedrich Echtermeier (1845–1910) geschaffen.

Auf der Rückseite des Neuen Rathauses befindet sich der Eisenbarth-Brunnen. Er erinnert an den im 18. Jahrhundert hier im Haus »Zum güldenen Apfel« wirkenden Arzt Johann Andreas Eisenbarth. Der Brunnen wurde 1939 durch den Stuttgarter Bildhauer Fritz von Graevenitz geschaffen. Die beschrifteten Bronzetafeln geben das Spottlied wieder, welches zur bleibenden Bekanntheit des Arztes entscheidend beitrug und in dem es u. a. heißt: »Ich bin der Doktor Eisenbarth, / widewidewitt, bum bum / Kurier die Leut nach meiner Art, / widewidewitt, bum bum / Kann machen, dass die Blinden gehn, / Und dass die Lahmen wieder sehn.«

Eisenbarth-Brunnen

7 | Haus der Freimaurerloge

Otto von Guericke
1602–1686, Politiker
und Erfinder. 1625 in den
Rat seiner Geburtsstadt
Magdeburg berufen, war
er von 1642 bis 1663 regelmäßig in diplomatischen
Missionen unterwegs
und nahm u. a. an den
Verhandlungen zum
Westfälischen Frieden teil.
Etwa von 1645 an stellte
er Untersuchungen zur
Pneumatik an, für die er
berühmt werden sollte.
Seine wissenschaftli-
che Hauptleistung ist
die Begründung der
Vakuumtechnik. Er erfand
1649 die Kolbenvakuum-
luftpumpe. Guericke
setzte ein Barometer zur
Wettervorhersage ein und
war damit Wegbereiter
der Meteorologie.

In der Nähe des Neuen Rathauses steht an der Ecke Weitlingstraße / Julius-Bremer-Straße eines der wenigen im Jugendstil errichteten Gebäude der Stadt. 1894–1903 unter der Leitung des Architekten August Duvigneau von der 1761 gegründeten Freimaurerloge »Ferdinand zur Glückseligkeit« erbaut, wurde es nach dem Verbot aller Freimaurerlogen durch das NS-Regime zwischen 1934 und 1998 als Stadtbibliothek genutzt, wobei der pracht-volle, im Krieg zerstörte Jugendstilsaal erst 1989 nach jahrelanger Rekonstruktion wieder eingeweiht werden konnte. 1995 erfolgte die Rückgabe des Hauses an die Große National-Mutterloge »Zu den drei Weltkugeln«, die es in eine gemeinnützige Stiftung einbrachte.

8 | Petrikirche

10—18 Uhr

Über die Julius-Bremer- und die Jakobstraße gelangt man zur Neustädter Straße. Hier erblickt man die mäch-tigen Mauern der katholischen Sankt-Petri-Kirche, die dem Schutzheiligen der Fischer geweiht ist. Um 1150 entstand auf dem Petersberg, einer Erhebung am Ufer der Elbe, eine Kirche für das Fischerdorf Frose, von der noch heute der aus Bruchsteinquadern errichtete Wehrturm erhalten ist – als bedeutendes Zeugnis romanischer Baukunst bildet er eine von vier Magdeburger Stationen auf der »Straße der Romanik« in Sachsen-Anhalt. Im 15. Jahrhundert wurde die Kirche zu einer dreischiffigen gotischen Hallenkirche umgebaut. Dabei wurde die Mittelachse deutlich nach Süden verlegt, sodass der Turm an der Westseite die Kirche nicht mehr mittig abschloss. Um 1480 entstand vor dem Doppelportal des südlichen Seitenschiffes eine Vorhalle mit gotischem Backsteingiebel. Im Zuge der Reformation wurde St. Petri 1524 evangelisch. Bei der Zerstörung Magdeburgs 1631 brannte die Kirche aus, Teile des Kreuzrippengewölbes brachen ein. Der Wiederaufbau dauerte bis zur neuen Weihe 1689.

Denkmal für Albertus Magnus (Heinrich Apel, 1985)

1945 wurde St. Petri während des großen Luftangriffs am 16. Januar schwer zerstört. Lediglich der Turm und die Vorhalle wiesen nur leichtere Schäden auf. 1958 erwarb die katholische Pfarrgemeinde St. Sebastian die Ruine. 1962–1970 wurde die Kirche im Rahmen der Aktion Sühnezeichen zunächst enttrümmert und dann wieder aufgebaut. Bemerkenswert sind die 1970 von Charles Crodel

geschaffenen farbigen Glasfenster mit Ereignissen des Alten und des Neuen Testaments auf der Süd- bzw. Nordseite, ebenso die von dem Bildhauer Heinrich Apel stammende liturgische Ausstattung des Chores. 1999 erhielt die Kirche den Titel einer »Katholischen Universitätskirche«. Für die Zukunft ist geplant, neben St. Petri ein neues Prämonstratenserkloster zu errichten. Gegenüber dem Nordportal steht die 1985 von Heinrich Apel geschaffene Plastik des bedeutenden mittelalterlichen Gelehrten Albertus Magnus, der 1931 heiliggesprochen und zum Kirchenlehrer ernannt wurde.

9 | Magdalenenkapelle

Apr.–Sep. 10–19 Uhr; Okt.–März 10–18 Uhr

Die der Heiligen Maria Magdalena geweihte gotische Kapelle hat eine ungewöhnliche Gründungsgeschichte. Aus dem Paulinerkloster war ein wertvolles Hostiengefäß gestohlen worden. Als der Dieb bemerkte, dass das Gefäß noch gefüllt war, wollte er den geweihten Inhalt auf den Altar der Petrikirche legen, lief jedoch aus Furcht, entdeckt zu werden, an der Kirche vorbei und versteckte die Hostien am Wegesrand. Ein vorbeikommender Fuhrmann, dessen Pferde der Sage nach genau an dieser Stelle scheuten, entdeckte das Gefäß. Der Dieb wurde zum Tode verurteilt, doch zur weiteren Sühne des Frevels errichteten die Magdeburger Bürger 1315 am Fundort eine Sühnekapelle. 1385 übertrug Papst Urban VI. das Patronat über die Kapelle dem benachbarten Maria-Magdalena-Kloster, woher der Name Magdalenenkapelle rührt.

Die gotische Kapelle ist aus Bruchsteinen gemauert. Sie verfügt über keine Strebepfeiler und wird lediglich von den starken Außenmauern und einem Tonnengewölbe in der Unterkirche getragen. Das Innere der Kapelle ist durch fünf hohe Maßwerkfenster und ein Kreuzrippengewölbe geprägt. Die gotische Dachform mit steilem Satteldach und spitzhelmigem Dachreiter wurde 1966 bei der Beseitigung der Kriegsschäden des Zweiten Weltkriegs wieder errichtet. 1991 wurde die Kapelle an das katholische Hilfswerk Subsidaris übergeben, welches die Kapelle bis heute nutzt.

Oben: Magdalenenkapelle
Links: Petrikirche

10 | Wallonerkirche

10–18 Uhr

Nur wenige Meter von der katholischen Petrikirche entfernt erheben sich die Mauern der evangelischen Wallonerkirche. Die im Stil der Hochgotik aus Bruchsteinen erbaute, dreischiffige, mit sieben Jochen versehene Hallenkirche ist 65 Meter lang und 20 Meter hoch. Als ehemalige Klosterkirche eines Bettelordens ist ihr Erscheinungsbild schlicht. Südlich der Kirche befanden sich ursprünglich Klostergebäude, daher sind auf dieser Seite nur vier schmale Fenster vorhanden. An der Südseite sind noch Reste des alten Kreuzgangs zu finden. Der Langchor war ursprünglich gewölbt und wird heute von einer Holzbalkendecke überspannt.

Der Bau der Kirche begann 1285 durch Brüder des Augustinerordens, die in Magdeburg das Augustiner-Kloster gründeten. Erst 1366 war die Sankt-Augustini-Kirche fertiggestellt. Um 1400 wurde der kleine achteckige Turm, gekrönt mit acht Wetterfahnen, ergänzt. 1516 suchte Martin Luther als Distriktsvikar des Augustinerordens das Kloster zwecks Visitation auf. Während seiner Aufenthalte in Magdeburg wohnte Luther auch in einer der Klosterzellen, so 1524, als er in Magdeburg predigte.

Heilige Katharina, ehemals über dem Portal der 1965/66 abgerissenen Katharinenkirche

Noch im selben Jahr wurde das Kloster aufgelöst. In der Folgezeit dienten die Räumlichkeiten u. a. als Gymnasium, als Armenhospital, als Zucht- und Spinnhaus und als Stadtbibliothek, zeitweilig war hier sogar eine Kanonen- und Glockengießerei untergebracht. Die Zerstörung Magdeburgs 1631 überstand die Kirche mit geringen Schäden, verfiel dann aber aus Geldmangel immer stärker. Auf den Befehl des Kurfürsten Friedrich III. wurde die Ruine 1690 an protestantische Glaubensflüchtlinge übergeben, die aus ihrer wallonischen Heimat im heutigen Belgien vertrieben worden waren und nun in Preußen Zuflucht fanden. Nach der 1694 abgeschlossenen Restaurierung wurde die Kirche fortan von der wallonisch-reformierten Gemeinde genutzt – daher auch der Name »Wallonerkirche«.

Beim Bombenangriff auf Magdeburg am 16. Januar 1945 wurde auch die Wallonerkirche stark beschädigt. 1961 begann der Wiederaufbau. Der erste Gottesdienst konnte 1968 gefeiert werden. Zugleich fand die Grundsteinlegung für das benachbarte evangelische Gemeindezentrum statt.

Seit 1975 befindet sich in der Kirche ein aus St. Ulrich in Halle stammender spätgotischer Schnitzaltar, ein Jahr später wurde das ebenfalls von dort überführte,

Grabstein des Christian Scriver, ehemals in der Jakobikirche

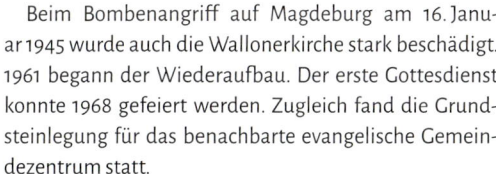

1430 in Magdeburg gegossene Taufbecken aufgestellt. 1994 konnte eine neue Orgel eingeweiht werden. In den Seitenschiffen erinnert ein Rundgang an die acht verlorenen Kirchen der Stadt, die im Zweiten Weltkrieg zerstört und nach 1945 aus ideologischen Gründen gesprengt wurden, darunter die 1288 erbaute und 1945 ausgebombte Heilig-Geist-Kirche, die Taufkirche von Georg Philipp Telemann, die nach dem Krieg erst wieder aufgebaut und dann doch 1959 abgerissen wurde. Auch die im Kreuzgang aufgestellten Grabmale stammen aus zerstörten Magdeburger Kirchen.

11 | Lukasklause

Otto-von-Guericke-Museum Di – Fr / So 10 – 17 Uhr, Führungen Tel. 0391 56 28 05 20

Geht man hinter der Wallonerkirche hinab zum Schleinufer an der Elbe und folgt der vierspurigen Straße Richtung Norden, gelangt man zur Lukasklause, einem ehemaligen Wehrturm, der in Teilen aus dem Hochmittelalter stammt. Der achteckige Turm ist 21,70 Meter hoch und verfügt über drei nutzbare Stockwerke und einen Keller. Als Ende des 19. Jahrhunderts die militärische Nutzung endete, wurde der Turm an den Künstlerverein St. Lukas e. V. verkauft, der 1902/03 umfangreiche Umbauten vornehmen und an der Südseite einen rechteckigen Anbau in historisierendem Stil errichten ließ. Mit der Fertigstellung wurde das Gebäude dem Heiligen Lukas als Schutzpatron der Maler geweiht und trägt seitdem die Bezeichnung Lukasklause. In der Umgebung befinden sich noch alte Mauern der einstigen Magdeburger Stadtbefestigung. So sind nördlich und östlich des Turms Reste des sogenannten »Neuen Werks« in Form eines Rondells erhalten. Nach umfangreicher Sanierung beherbergt die Lukasklause seit 1995 das Otto-von-Guericke-Museum, das auf zwei Etagen das Leben und die wissenschaftliche Tätigkeit des Magdeburger Bürgermeisters und Erfinders darstellt. Neben funktionstüchtigen Nachbauten seiner damaligen Gerätschaften und Experimente sind auch moderne Experimentieranordnungen vorhanden.

Magdeburger Halbkugeln
Otto von Guericke demonstrierte die Kraft des Luftdrucks öffentlich mit spektakulären Experimenten, besonders 1654 auf dem Reichstag zu Regensburg in Anwesenheit von Kaiser Ferdinand III. Guericke legte zwei große Halbkugeln aus Kupfer mittels einer Dichtung zusammen und pumpte die Luft aus dem Inneren heraus. Anschließend wurden vor jede Halbkugel nacheinander acht Pferde gespannt, die sie auseinander reißen sollten, was aber nicht gelang. Als die Kugeln wieder mit Luft gefüllt wurden, fielen sie von allein auseinander. Originale der Magdeburger Halbkugeln befinden sich heute im Deutschen Museum München und in der Technischen Universität Braunschweig.

Oben: Lukasklause
Links: Wallonerkirche

12 | Schiffsmühle am Petriförder

Apr.–Okt.: Di–So 10–17 Uhr, Eintritt frei,
Führungen Tel. 0391 6 71 69 87

In der Geschichte der Stadt hat die **Elbe** stets eine entscheidende Rolle gespielt. Seit Jahrhunderten zählt der Magdeburger Hafen zu den größten und bedeutendsten Binnenhäfen Deutschlands. Dem Warentransport auf dem Wasser verdankt die Stadt einen Großteil ihres Reichtums. Zugleich stellen Hochwasser eine stete Bedrohung dar. Mit einem Pegel von 7,47 Meter erreichte die Elbe am 9. Juni 2013 einen historischen Höchststand. Umgekehrt führt Niedrigwasser dazu, dass der Domfelsen vor den Elbtreppen sichtbar wird. Zwar wurde 1890 eine Fahrrinne in den Felsen gesprengt, dennoch gilt in Höhe des Domfelsens bis heute ein Begegnungsverbot für Schiffe.

Von der Lukasklause geht es südwärts entlang der **Elbe**. Seit 1999 ist an der Dampferanlegestelle Petriförder der historische Nachbau einer Schiffsmühle aus dem 19. Jahrhundert zu besichtigen. Einst gab es 23 solcher auf dem Fluss schwimmenden Mühlen, die in Magdeburg bereits seit dem 13. Jahrhundert nachgewiesen sind. Ihr Vorteil bestand darin, dass sie sich stets der Wasserstandshöhe des Flusses anpassten und damit ein Aufstauen des Wassers entbehrlich machten; allerdings waren sie bei Eisgang und Hochwasser stark gefährdet. Eine besondere Attraktion des Holzbaues mit Dachschindeln ist das funktionstüchtige Mahlwerk. Wenn es in Betrieb gesetzt wird, ist der Besucher Zeuge, wie die Arbeitsweise unserer Vorfahren lebendig wird. In der oberen Etage sind neben allerhand Einzelheiten aus dem Müllerleben die verschiedenen Getreidesorten der Magdeburger Börde ausgestellt. Im Sommer können Besucher außerdem Teilnehmer eines Mittelalter-Spektakels werden, wenn der Schiffsmüller geschrotetes Getreide verkauft.

13 | Elbuferpromenade

Vor den Toren der Alten Stadt Magdeburg, am Elbufer entlang von der Nordostecke der Stadtmauer an der heutigen Lukasklause bis zum Domfelsen im Süden, befanden sich seit dem Mittelalter Ansiedlungen, die im Zuge der Industrialisierung geprägt wurden durch ausgedehnte Hafen- und Bahnanlagen mit Gleisanlagen, Packhöfen und Speichern. Im Zweiten Weltkrieg stark zerstört, entschied man sich gegen einen Wiederaufbau. In den 1970er Jahren entstand eine vier Kilometer lange, grüne Promenade, in der sich zahlreiche Plastiken, Brunnenanlagen und Sitzbereiche mit vielen üppigen Saison- und Staudenpflanzungen abwechseln. So findet man hier die Plastik »Der Fährmann« und fünf Relieftafeln von Eberhard Roßdeutscher, die die Magdeburger Stadtgeschichte lebendig werden lassen. Etwas weiter südlich steht die zwölf Meter hohe Großplastik »Fahnenmonument« des Bildhauers Joachim Sendler (1934–2005), die den heroischen Kampf der Arbeiterklasse feiern sollte, von dieser aber spöttisch als »abgebrochener Bohrer«, »Spirelli« oder »Schiffsschraube« bezeichnet wurde.

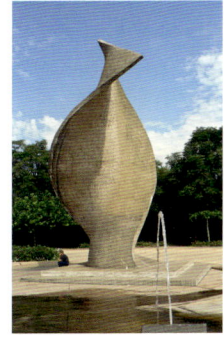

»Fahnenmonument«

»Der Fährmann«

14 | Johanniskirche

Di – So 10–17 Uhr,
Turmbesteigung bis 16 Uhr
Führungen Tel. 0391 8 38 04 01

Die dem Evangelisten Johannes geweihte Johanniskirche, zwischen Elbe und Altem Markt gelegen, ist die älteste Pfarrkirche der Stadt und war lange Zeit auch ihr reichstes Gotteshaus. Erstmals erwähnt wurde sie im Jahr 941 als »plebeiam ecclesiam« (Volkskirche), 1015 erscheint sie dann bei Thietmar von Merseburg als »aecclesia mercatorum« (Kaufmannskirche) – der älteste Hinweis auf eine Kaufmannskirche in Deutschland! Der Name Sankt Johannis wird erstmals 1160 erwähnt. Im Laufe des Mittelalters fiel die Kirche mehrfach Bränden und Blitzeinschlägen zum Opfer. Als 1451 der Nordturm durch einen Blitz getroffen wurde, brach ein Feuer aus, das ein Drittel des Kirchenschiffes niederbrannte. Beim Wiederaufbau 1452/53 entstand eine dreischiffige Hallenkirche. Hier predigte am 26. Juni 1524 Martin Luther und leitete damit die Reformation in Magdeburg ein.

Bei der Erstürmung Magdeburgs durch den kaiserlichen Generalissimus Tilly wurden die Türen der Johanniskirche aufgebrochen, Geistliche und Mitglieder der Gemeinde ermordet und die Kirche niedergebrannt. Mit Spenden aus dem gesamten Ostseeraum konnte 1641 die Enttrümmerung der Kirche und eine Reparatur der Türme in Angriff genommen werden, doch erst 1662–1669 folgte der eigentliche Wiederaufbau. Eine ungewöhnliche Nutzung erfuhr die Kirche im 19. Jahrhundert: Von 1832 bis 1850 diente ihr Dach als Station 14 der Königlich-Preußischen Telegraphenlinie Berlin – Koblenz!

1944 erlitt die Johanniskirche bei einem alliierten Luftangriff fünf schwere Treffer, am 16. Januar 1945 wurde sie erneut getroffen. Es blieben lediglich die Außenmauern und Reste der Türme stehen. 1953 begannen die Aufräumarbeiten. Bis 1956 erhielt die westliche Vorhalle statt des ursprünglichen Gewölbes ein Flachdach. Die Türme wurden wieder aufgebaut, wobei der nördliche Turm wieder vollständig entstand, der Südturm lediglich gesichert wurde. Erstaunlicherweise fanden sich

Guericke-Epitaph

Mechthild von Magdeburg
Um 1207–1282, Mystikerin. Von adliger Geburt, zog Mechthild 1230 nach Magdeburg, um Begine (Angehörige einer Gemeinschaft christlicher Laien) zu werden. Schon seit frühester Kindheit hatte sie mystische Gotteserfahrungen. Als Begine begann sie diese niederzuschreiben. Ihre sieben Bücher »Das fließende Licht der Gottheit« verfasste sie in Niedermittelhochdeutsch, der damaligen Volkssprache, statt in Latein. Mechthilds Schriften gelten als eines der beeindruckendsten Beispiele der deutschen Frauenmystik und zeigen die Höhe der Frauenbildung im Mittelalter.

auch zwei eigentlich für Kriegszwecke eingezogene Glocken der Johanniskirche wieder, die in den Nordturm ihrer zerstörten Kirche zurückkehrten. 1968 schenkte die evangelische Kirche die Reste der Kirche samt Grund und Boden der Stadt.

Nach dem Ende der DDR gab es schnell Bestrebungen, die Kirche wieder aufzubauen. Bereits 1999 konnten die umfangreichen Bauarbeiten abgeschlossen werden. Heute dient die Johanniskirche als Konzert- und Festsaal der Stadt Magdeburg. 2004 erhielt der Südturm eine neue Spitze. Von der Aussichtsplattform, die man über ein Treppenhaus mit 277 Stufen erreicht, hat man in 52 Metern Höhe einen wunderbaren Blick über die gesamte Landeshauptstadt. Als letztes großes Teilstück des Wiederaufbaus folgte 2014/18 die künstlerische Gestaltung der gotischen Fenster des Kirchenschiffs durch den Dresdner Künstler Max Uhlig.

Von der originalen Innenausstattung ist fast nichts erhalten. Zu den wenigen Ausnahmen gehören der Kanzelträger von 1676, ein Engel in Jünglingsgestalt, der einst die Kanzel in der Nordostecke des Mittelschiffs trug, sowie die Gruft der Familien Alemann und Guericke, eingerichtet als Gedenkstätte für Otto von Guericke. In der Westvorhalle der Kirche findet der Besucher die Plastik der »Trauernden Magdeburg«. Ursprünglich 1858 von Ernst Rietschel als Begleitfigur für das Reformationsdenkmal in Worms geschaffen, handelt es sich hier um einen Zweitguss, der 1906 als Schenkung an die Stadt und in die Johanniskirche gelangte. Während Kirche und Stadt 1944/45 in Schutt und Asche sanken, überlebte die Plastik als einzige wie durch ein Wunder. Auch zwei Glocken, die eigentlich 1942 eingeschmolzen werden sollten, blieben erhalten und sind seit 2008 wieder an bestimmten Fest- und Gedenktagen zu hören. Bemerkenswert ist das Portal der Vorhalle mit dem 1983 von Heinrich Apel geschaffenen plastischen Ensemble »Zerstörung und Wiederaufbau der Stadt Magdeburg«.

1886 wurde westlich der Kirche in Erinnerung an die Predigt Martin Luthers von 1524 das von Emil Hundrieser geschaffene Luther-Denkmal eingeweiht, das 1995 wieder an seinen ursprünglichen Standort zurückgekehrt ist.

Oben: Luther-Denkmal
Links: »Trauernde Magdeburg«

15 | IBA-Haus

Ausstellung Di–So 11–17 Uhr, Eintritt frei

Über die stark befahrene Ernst-Reuter-Allee hinweg gelangt man an der Regierungsstraße zu einem Gebäude, das auf eindruckvolle Weise die Möglichkeiten zeigt, aus einer achtgeschossigen Wohnscheibe, errichtet 1969/72 in Plattenbauweise, durch außergewöhnliche Fassadengestaltung 2011/13 einen aufregenden modernen Baukörper zu modellieren. Hier hat auch der IBA-Shop (Regierungsstraße 37, IBA = Informieren, Beteiligen, Ausstellen) seinen Sitz, der eine sehenswerte Ausstellung zur Stadtentwicklung Magdeburgs präsentiert und zugleich als Bürgerforum zu Fragen der Stadtplanung dient.

Am Ende des Gebäudes steht seit 2015 die Rekonstruktion des 1956 zerstörten Denkmals für den bedeutenden Reformer der Pädagogik im Zeitalter der Aufklärung, Johann Bernhard Basedow. An seinem 1774 in Dessau gegründeten »Philantropinum« betonte Basedow das spielerische Element im Elementarunterricht, das Lernen durch Anschauung und Selbsttätigkeit sowie die Einführung in lebende Fremdsprachen. Basedow führte erstmals auch »Leibesübungen« in den Schulunterricht ein.

Basedow-Denkmal

16 | Kunstmuseum Kloster Unser Lieben Frauen

Di–Fr 10–17 Uhr, Sa–So 10–18 Uhr

Vom IBA-Haus führt der Rundgang südwärts an der Plastik »Telemann und die vier Temperamente« von Eberhard Roßdeutscher (1981) vorbei: Auf großen schlanken Säulen, die an Orgelpfeifen erinnern, dirigiert der berühmte Komponist vier Frauen, die die vier Temperamente, den Sanguiniker, den Choleriker, den Melancholiker und den Phlegmatiker, symbolisieren. Von hier aus sieht man bereits das Kloster Unser Lieben Frauen, eine der bedeutendsten romanischen Anlagen Deutschlands. Die Silhouette des Turms gehört längst zu den unverwechselbaren Wahrzeichen Magdeburgs.

Das Kloster wurde um 1015 bis 1018 gegründet – das genaue Datum ist unbekannt, sicher ist nur, dass die vermeintliche Gründungsurkunde eine spätere Fälschung ist. 1129 übereignete Erzbischof Norbert von Xanten das Kloster dem neu gegründeten Prämonstratenserorden. Es wurde zu einer Art Mutterkloster des Ordens im östlichen Verbreitungsraum. In dieser Zeit erfolgte mit der Errichtung der beiden Kirchtürme die Fertigstellung der

Georg Philipp Telemann
1681–1767, Komponist. Der gebürtige Magdeburger gilt als einer der bedeutendsten Komponisten des Barocks. Nach mehreren Anstellungen in Leipzig und Frankfurt am Main wurde er 1721 Kantor und Musikdirektor in Hamburg, dann auch Leiter der Oper. Mit einem achtmonatigen Aufenthalt in Paris 1737/38 erlangte Telemann endgültig internationalen Ruhm. Sein musikalisches Werk ist außerordentlich umfangreich und umfasst alle zu seiner Zeit üblichen Musikgattungen.

Marienkirche. Für die Klausur wurden der zweigeschossige Kreuzgang, das Brunnenhaus sowie das Sommer- und Winterrefektorium vollendet. Norbert von Xanten wurde 1134 vor dem Kreuzaltar beigesetzt.

Im ersten Viertel des 13. Jahrhunderts fanden bauliche Veränderungen statt. Die Apsis am nördlichen Querhaus wurde durch die sogenannte Hochsäulige Kapelle ersetzt. Im Langhaus wichen Säulen den Pfeilern, wobei der ursprüngliche Stützenwechsel noch erkennbar ist. Daran schloss sich von 1220 bis 1240 der teilweise gotische Umbau der Basilika an. So entstanden im Mittelschiff ein Kreuzrippengewölbe und in den Seitenschiffen Kreuzgratgewölbe. Der romanische Charakter der Kirche blieb jedoch erhalten.

In der Zeit der Reformation blieb das Kloster katholisch. Im Augsburger Religionsfrieden wurde 1555 die Immunität des Klosters anerkannt, doch blieb die Lage der zur kleinen katholischen Minderheit gewordenen Klosterbewohner schwierig. Bei der Zerstörung Magdeburgs durch kaiserliche Truppen unter Tilly am 10. Mai 1631 wurde das Kloster nur verhältnismäßig gering beschädigt, da die Angreifer das Kloster gesondert behandelten und vor Plünderungen schützten.

1650 erfolgte die Übereignung des Klosters an den Kurfürsten Friedrich Wilhelm von Brandenburg. 1689 wurde die Klosterkirche Sankt Marien den nach Magdeburg geflohenen protestantischen Glaubensflüchtlingen zur Nutzung zugewiesen. Auf ihren Vorschlag hin entstand 1698 eine Klosterschule. 1718 erhielt die Klosterschule den Namen Pädagogium zum Kloster Unser Lieben Frauen. Mit der 1780 erfolgten Berufung von Gotthilf Sebastian Rötger zum Propst und Prälaten und den damit einziehenden modernen Lehrmethoden erwarb das Pädagogium einen überregionalen Ruf. 1832–1834 erfolgte die Säkularisierung des Klosters, und das Pädagogium wurde zur staatlichen Schule. Zu den Absolventen der Schule gehörten u. a. der spätere Schriftsteller Carl Leberecht Immermann und der Dramatiker Georg Kaiser.

Während des Zweiten Weltkriegs wurden bei Luftangriffen der westliche Flügel der Klausur und das Dach der Kirche zerstört. 1947–1949 wurde der Chor der Marienkirche wieder aufgebaut. 1966 ging die Klosteranlage in den Besitz der Stadt Magdeburg über, die das Kloster

Oben: Portal mit Bronzetür von Waldemar Grzimek
Links: Marienkirche

Norbert von Xanten
1080/85–1134, Erzbischof. Norbert von Xanten war der Stifter des Prämonstratenserordens und wirkte 1126–1134 als Erzbischof von Magdeburg, wo er sich als unnachgiebiger Reformer profilierte, der sich bei den adeligen Chorherren der Bischofskirche ebenso unbeliebt machte wie bei den einfachen Priestern. Norbert wurde 1134 in Unser Lieben Frauen beigesetzt, 1626 wurden seine Gebeine jedoch in das Prämonstratenserkloster Strahov bei Prag überführt. Er wird von der katholischen Kirche seit 1582 als Heiliger verehrt und ist Patron des Bistums Magdeburg und des Magdeburger Landes.

Wilhelm Raabe

1831–1910, Schriftsteller.
Nachdem Raabe die
Schule abgebrochen
hatte, begann er 1849 eine
Lehre in der Creutz-
schen Buchhandlung in
Magdeburg, die er jedoch
1853 ebenfalls abbrach. Er
ging nach Berlin, studierte
an der Universität als
Gasthörer Philologie und
wurde freischaffender
Schriftsteller. Er verfasste
über 65 Romane, Novellen
und auch Gedichte,
darunter die historische
Erzählung »Unseres
Herrgotts Kanzlei« (1862)
über die Belagerung der
Stadt 1550/51. Die Stadt
ehrt Raabe heute mit der
Benennung einer Straße
und eines Gymnasiums.

bis 1974 zu einem Museum für Bildende Kunst umbauen
ließ, während die Klosterkirche St. Marien seit 1977 als
»Konzerthalle Georg Philipp Telemann« fungiert. 1993
wurde im Kloster die »Straße der Romanik« in Sachsen-
Anhalt eröffnet, an deren Schnittpunkt das Bauwerk liegt.

Heute bildet das Kunstmuseum Kloster Unser Lieben
Frauen den wichtigsten Ausstellungsort für Gegenwartskunst in Sachsen-Anhalt. Den modernen Sammlungs-
bestand und die Sonderausstellungen zur Kunst der
Gegenwart in der romanischen Architektur zu präsen-
tieren, bedeutet Konfrontation, Auseinandersetzung
und Bezugnahme von Gegenwart und Vergangenheit,
ermöglicht den Vergleich und die Erkenntnis von Kor-
respondenzen und Brüchen. Die Sammlung hat sich im
Verlauf der vergangenen Jahrzehnte gewandelt. Zu ihr
zählen nicht nur Arbeiten der Bildhauerei, sondern auch
der Medienkunst und Fotografie, darunter von Sigalit
Landau, John Smith, Brian Eno, Michael Schmidt, Lukas
Foglia, David Lynch oder Pepa Hristova. In Verbindung
mit Werken von Jannis Kounellis, Gilberto Zorio, Toni
Cragg, Xanti Schawinsky, Robin Minard, Rashid John-
son oder Maurizio Nannucci verfügt das Kunstmuseum
Magdeburg über einen bedeutenden Bestand an in-
ternationaler Gegenwartskunst. Dazu gehört auch der

das Haus umgebende Skulpturenpark, der um wichtige künstlerische Positionen ergänzt werden konnte.

Das Langhaus der romanischen Kirche beeindruckt jeden Besucher. Im Querschiff erinnert eine Marmortafel an den einstmals hier beigesetzten, 1626 jedoch nach Prag überführten Norbert von Xanten, dessen erste Grablege seit 2018 zu besichtigen ist, wie auch das Bodenbild von Martin Assig. Dem Memorialraum liegt die dreischiffige Krypta aus dem 11. Jahrhundert gegenüber.

Der Kreuzgang des Klosters wird zu den schönsten Anlagen seiner Art in Deutschland gezählt. Hier befindet sich die »Tonsur« mit ihrem steinernen Kegeldach, errichtet nach dem Vorbild französischer Brunnenhäuser. Im Nordflügel, dem einstigen Winterrefektorium mit seinen drei tonnengewölbten Räumen, sind Werke aus der Sammlung des Kunstmuseums zu sehen. Vom Kreuzgang aus gelangt man auch in die Hochsäulige Kapelle mit der von Wieland Förster geschaffenen Bronzetür »Freuden und Leiden« – die einstige Funktion dieser ungewöhnlichen dreischiffigen Kapelle, die von sechs Stützen getragen wird, ist unbekannt. Heute sind darin vor allem mittelalterliche Skulpturen ausgestellt, die aus Magdeburgs verlorenen Kirchen stammen.

Kreuzgang mit »Tonsur«

17 | Domplatz

Der Domplatz mit seinen enormen Ausmaßen bildet seit mehr als 1200 Jahren das weltliche und geistliche Zentrum Magdeburgs. Ausgrabungen belegen, dass hier bereits in der Bronzezeit und zur Zeit der Völkerwanderung Menschen gelebt und gearbeitet haben. Seine Lage im Schnittpunkt von bedeutenden Handelswegen an der Furt über die Elbe verlieh dem Platz schon früh eine herausragende strategische Bedeutung. Ungewiss ist, ob sich tatsächlich an dieser Stelle die von Otto I. errichtete Pfalzanlage, eine der größten und prächtigsten des gesamten frühen Mittelalters, befunden hat – neuere Grabungen haben zumindest nachgewiesen, dass sich am Domplatz eine zweite, ungewöhnlich große frühe Kirchenanlage befunden hat.

Zur Unterscheidung vom Alten Markt, dem Mittelpunkt der Bürgerstadt, hieß der Domplatz lange Zeit Neuer Markt. Hier handelten die Fernhandelskaufleute, und hier fanden zweimal im Jahr, zu Ostern und im Herbst, große Messen statt. Sein heutiges Gesicht erhielt der Platz in der Barockzeit, lediglich die im Zweiten Weltkrieg zerstörte Westseite mit der einstigen Nikolaikirche ist verloren und wurde nach 1998 durch Neubauten wieder geschlossen.

Die gesamte Nordseite nimmt heute das Gebäude des Landtags von Sachsen-Anhalt ein. Unter einem durchgehenden Mansarddach vereint es vier aufwendig restaurierte Gebäude, darunter das 1724–1728 von Gerhard Cornelius von Walrave für einen Weinhändler erbaute Haus Nr. 7 (die Figuren im Dreiecksgiebel stellen die vier Jahreszeiten dar) sowie das 1723–1725 von Walrave für sich selbst errichtete, mit auffallend schönem Portal versehene Haus Nr. 9.

Domplatz 4

Die Ostseite des Domplatzes beginnt unmittelbar neben dem Domchor mit der Neuen Möllenvogtei (Nr. 1a), erbaut 1744/45 im Barockstil; sie wird heute von der Landtagsverwaltung genutzt. Es folgt das ehemalige Erzbischöfliche Palais (Nr. 2/3), das auf Befehl von Kurfürst Friedrich III. ab 1700 zu einem Stadtschloss umgebaut wurde und später Dienstsitz des Oberpräsidenten der Preußischen Provinz Sachsen wurde. Heute wird das Gebäude gemeinsam mit dem daneben befindlichen Haus Nr. 4, das 1731 als Barockpalais für den Geheimen Rat Christian Knaut errichtet worden war, durch das Justizministerium des Landes Sachsen-Anhalt genutzt. Privat genutzt wird die ehemalige Domdechanei (Nr. 5), die seit Ende des 18. Jahrhunderts als königliches Gästehaus diente, in dem u. a. Königin Luise von Preußen und Napoleon weilten.

Domplatz mit dem Gebäude des Landtags von Sachsen-Anhalt

18 | Magdeburger Dom

Mai–Sep. 10–18 Uhr; Apr. / Okt. 10–17 Uhr;
Nov.–März 10–16 Uhr

Otto I.
912–973, Kaiser. Otto war der Sohn von König Heinrich I. Ab 936 dessen Nachfolger als Herzog von Sachsen und König des Ostfrankenreiches, wurde er 962 erster Kaiser des Heiligen Römischen Reiches deutscher Nation. Otto mehrte seine Macht durch clevere Heiratspolitik und erfolgreiche Feldzüge, so gegen Ungarn 955 (Schlacht auf dem Lechfeld). 968 gründete er das Erzbistum Magdeburg, das entscheidenden Einfluss auf die geplante Christianisierung der Slawen hatte. Er stärkte damit die Reichskirche als Machtbasis des Kaisers, unterwarf sie aber auch seiner Kontrolle.

Der Dom St. Mauritius und St. Katharina bildet seit Jahrhunderten das Wahrzeichen der Stadt an der Elbe. Als Grabkirche Kaiser Ottos I. und ältestes gotisches Bauwerk auf deutschem Boden stellt er einen zentralen Ort deutscher Geschichte dar. Otto I. gründete 937 das Kloster St. Mauritius, in dem neun Jahre später seine erste Gemahlin Editha bestattet wurde. Offenbar hatte Otto schon damals Magdeburg auch als seinen eigenen Begräbnisort bestimmt. Im Zusammenhang damit betrieb er seit den 950er Jahren die Einrichtung eines Erzbistums in Magdeburg und begann mit der Errichtung eines großartigen Neubaus. 968 wurde Magdeburg zur Erzdiözese und die Moritzkirche zur Kathedrale erhoben.

Nach der Zerstörung des Doms infolge eines Stadtbrands 1207 ließ Erzbischof Albrecht II. von Käfernburg die Ruinen der Kathedrale abreißen und einen neuen Dom errichten, wobei Steine und Säulen des alten Doms wiederverwendet wurden. Da Albrecht in Frankreich studiert hatte, wird immer wieder vermutet, dass die Entscheidung für einen modernen, gotischen Chorgrundriss auf ihn zurückgeht. Der Bau begann 1207 mit veränderter Bauachse, weil der Dom nun auf die Grabstätte Ottos des Großen ausgerichtet wurde. Auch das Grab von Editha wurde in den gotischen Neubau des Doms verlegt – das im Scheitel des Chorumgangs aufgestellte Grabmal enthält nach neuesten archäologischen Erkenntnissen Reste ihrer Gebeine in einem kleinen Bleikasten. In den Neubau wurden auch Kostbarkeiten aus dem Vorgängerbau integriert, darunter die angeblich von Otto I. mitgebrachten antiken Säulen im Hohen Chor und das Taufbecken aus Porphyr, das ursprünglich vielleicht Teil eines Brunnens in Oberitalien war und dessen Material vor etwa 1800 Jahren in Ägypten gebrochen worden ist – beide sind noch heute im Dom zu bewundern.

Der Bau der gotischen Kathedrale dauerte über 300 Jahre bis zur Vollendung der Türme im Jahre 1520. Der Dom hat eine Gesamtinnenlänge von 120 Metern und eine Deckenhöhe von 32 Metern. Die Türme sind 99,15 Meter (Südturm) und 100,88 Meter (Nordturm) hoch – damit ist der Dom das höchste Gebäude der Stadt und der höchste Sakralbau Ostdeutschlands. Lange Zeit galt er sogar als das größte sakrale Bauwerk Deutschlands, bis er vom Kölner Dom überrundet wurde.

Hoher Chor mit dem Sarkophag Kaiser Ottos I.

Während des Dreißigjährigen Krieges eroberten die Truppen von General Tilly 1631 die Stadt. Tausende Magdeburger hatten sich im Dom verschanzt und sollen ihr Überleben dem Domprediger Reinhard Bake verdanken, der mit einem Kniefall vor Tilly um das Leben der Magdeburger bat.

Im Zweiten Weltkrieg wurde der Dom schwer beschädigt. Am 16. Januar 1945 trafen mehrere Bomben den Dom. Zum Glück konnte das Feuer rechtzeitig gelöscht werden, sodass der Dachstuhl weitgehend intakt blieb. Nach Restaurierungsarbeiten wurde der Dom 1955 wieder eröffnet. Seit 1983 wird der Dom restauriert. 2005 konnten die Bauarbeiten am Nordturm abgeschlossen werden, 2006 wurden der Südturm und das Dach des Remters restauriert.

Portalfiguren der Klugen ...

... und der Törichten Jungfrauen

Im Herbst 1989 wurde der Dom zum Ausgangspunkt der Friedlichen Revolution in Magdeburg. Einen wesentlichen Beitrag hierzu leisteten die Aufrufe zur Besonnenheit durch Domprediger Giselher Quast und Dompredigerin Waltraud Zachhuber. Heute ist der Dom eine der beiden Hauptkirchen der neugebildeten Evangelischen Kirche in Mitteldeutschland.

Der Zugang erfolgt durch das Nordportal. Gleich neben dem Eingang begrüßen die Namenspatrone des Domes, der Hl. Mauritius und die Hl. Katharina, die Eintretenden; darüber ist das erst kürzlich restaurierte Epitaph des Domherrn Werner von Plotho (gest. 1589) zu bewundern.

Zwischen den Sockeln der beiden Türme des Westwerks öffnet sich die Turmhalle. Sie ist in der Regel durch ein farbig gefasstes Gitter verschlossen, sodass man die von Peter Vischer d. Ä. 1495 geschaffene Messingtumba für Ernst von Sachsen, Erzbischof von Magdeburg und Administrator von Halberstadt, eines der Hauptwerke des großen Renaissance-Meisters, nur aus einiger Entfernung sehen kann. Auf der Westempore befindet sich die Hauptorgel des Doms; nachdem ihre Vorgängerin 1945 zerstört worden war, konnte erst 2008 eine neue Orgel eingeweiht werden, errichtet von der Firma Schuke in Potsdam mit 93 Registern, vier Manualen und Pedal.

Schreitet man vom Westwerk zum Chor, erschließt sich der Dom als Abbild des »himmlischen Jerusalem« in seiner ganzen Großartigkeit und Vollendung. Zunächst

begegnet man dem großen Taufstein. Nach einigen Schritten erreicht man die Heilig-Grab-Kapelle, die um 1250 entstand. Über der Tür zur sechzehneckigen Kapelle stehen, kaum noch lesbar, auf Lateinisch die Worte Christi: »Ich bin die Tür zum Himmel, verschließe sie keinem Gläubigen«. Das in der Kapelle aufgestellte Herrscherpaar, das dem Volksglauben nach Kaiser Otto I. (mit den 19 Tonnen Gold in der Hand, die er dem Erzbistum stiftete) und Königin Editha (mit der Bibel als Zeichen ihrer Frömmigkeit) darstellt, kam erst später, frühestens im 14. Jahrhundert, hinzu. Wahrscheinlich aber handelt es sich um das himmlische Herrscherpaar Christus (mit der ehemals farbigen Himmelssphäre der sieben Planeten und zwölf Tierkreiszeichen) und die Kirche als seine Braut (mit dem Buch der Lehre).

Die hinter der Kapelle befindliche Renaissancekanzel, 1595/97 aus Nordhäuser Alabaster geschaffen, verkörpert ein reformatorisches Bilderprogramm mit Christus als Erlöser der Welt im Zentrum in der Brüstung des Kanzelkorbs. Die Kanzel und der im Mittelschiff befindliche Katharinenaltar (1311) mit den 2009 von Franca Bartholomäi geschaffenen Bildtafeln fungieren heute als liturgisches Zentrum des Gotteshauses. Den Abschluss des Mittelschiffs bildet der 1445/51 entstandene Lettner, der bis zur Reformation den Raum der Laien vom Hohen Chor des Domkapitels trennte.

Links vom Lettner, im nördlichen Querhaus, steht das berühmte »Magdeburger Mal«, ein eindrucksvolles Antikriegs-Mahnmal, das Ernst Barlach 1929 zur Erinnerung an die Opfer des Ersten Weltkrieges schuf. Während der NS-Zeit wurde das Mal vorübergehend entfernt und erst 1955 wieder im Dom aufgestellt.

Unmittelbar neben dem Ehrenmal befindet sich der Zugang zur Vorhalle mit der Paradiespforte. Das Jungfrauenportal wird durch die zehn Skulpturen der Klugen und Törichten Jungfrauen eines unbekannten, genialen Meisters von etwa 1250 geziert. Es ist die erste monumentale Gestaltung dieses Themas, voll drastischer Direktheit. Zum Bildprogramm gehörend, aber wohl von anderer Hand geschaffen wurden die Standbilder der Ecclesia als Anführerin der Klugen Jungfrauen und der Synagoge auf der Seite der Törichten. Sie verkörpern den Neuen und den Alten Bund, die christliche Kirche triumphiert über

Oben: »Magdeburger Mal« von Ernst Barlach
Links: Renaissancekanzel

Hl. Mauritius im
Hohen Chor

Herrscherpaar in der
Heilig-Grab-Kapelle, dem
Volksglauben nach Otto I.
und Editha

das mit Blindheit geschlagene Judentum – ein typisches Beispiel des mittelalterlichen Antijudaismus.

Der Hohe Chor bildete und umschloss das Allerheiligste mittelalterlicher Kathedralen. Er diente als Gottesdienstraum des Erzbischofs und ist bis heute der feierlichste Raum des Doms. Das Chorgestühl stammt vermutlich von 1363; die Schnitzereien zeigen Szenen aus dem Leben Jesu. Im Mittelpunkt des Hohen Chores steht der Sarkophag des Kaisers Otto I. aus dem Jahr 973. Die lateinische Inschrift lautet: »Tres luctus causae sunt hoc marmore clausae: / Rex, decus ecclesiae, sumus honor patriae.« (Drei Gründe der Trauer sind unter diesem Marmor eingeschlossen: der König, der Stolz der Kirche, die höchste Ehre des Vaterlandes.) Die Skulpturen der Hl. Katharina und des Hl. Mauritius, die sich im Chor gegenüberstehen, entstanden um 1250. Die Moritz-Skulptur ist die älteste bekannte europäische Darstellung eines Schwarzafrikaners.

Insgesamt sieben Stufen führen zum mächtigen Hochaltar, gestiftet zur Domweihe 1363, der mit 4,40 Metern Länge und fast 2 Metern Breite vermutlich über die größte Altarplatte Europas verfügt. Vom Schlussstein der Chorgewölbes in luftiger Höhe schaut Christus als Weltenherrscher herab.

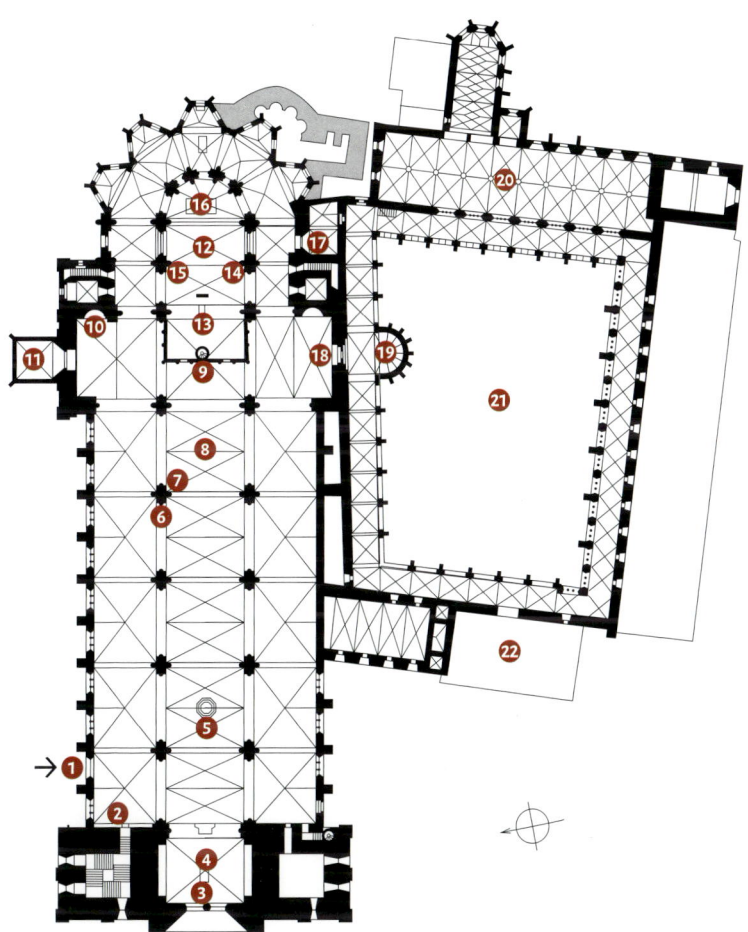

1 Nordportal
2 Hl. Mauritius und Hl. Katharina
3 Turmhalle
4 Messingtumba für Ernst v. Sachsen
5 Taufstein
6 Heilig-Grab-Kapelle
7 Renaissancekanzel
8 Katharinenaltar
9 Lettner
10 Magdeburger Mal
11 Paradiesvorhalle

12 Hoher Chor
13 Sarkophag Kaiser Ottos I.
14 Hl. Mauritius
15 Hl. Katharina
16 Hochaltar
17 Sebastianskapelle
18 Südportal
19 Tonsurkapelle
20 Remter
21 Domhof
22 Dompfarrhaus

19 | Dommuseum Ottonianum

Museum / Tourist Information 10–17 Uhr

Direkt gegenüber dem Dom öffnete 2018 das Dommuseum Ottonianum als jüngstes der Magdeburger Museen seine Pforten. Im Erdgeschoss des 1924 eingeweihten Gebäudes der ehemaligen Reichsbank gelegen, präsentiert es die Vielfalt der spektakulären archäologischen Funde im und am Magdeburger Dom aus der Zeit von Kaiser Otto bis zum Ausgang des Mittelalters. Zu sehen sind rund 100 Exponate, darunter antike Säulenfragmente, die für den ersten Dombau aus dem Mittelmeerraum importiert worden waren, der Bleisarg der Königin Editha, die in Magdeburg wie eine Heilige verehrt wurde, kostbare Beigaben aus den Gräbern der Erzbischöfe Wichmann von Seeburg (1115–1192) und Otto von Hessen (1301–1361), aber auch Repliken von Kunstschätzen, die im Dom schwer oder gar nicht zugänglich sind. In Zusammenarbeit mit dem Zentrum für Mittelalterausstellungen und dem Fraunhofer Institut IFF Magdeburg entstand außerdem ein virtuell-interaktives Echtzeitmodell des Magdeburger Doms, das die Baugeschichte und ausgewählte Kunstwerke der Kathedrale erlebbar macht.

20 | Haus der Romanik

Mo, Mi–Fr 10–18 Uhr, Sa/So 10–16 Uhr,
Eintritt frei

Vom Domplatz aus führt der Rundgang weiter Richtung
Elbe. An der Neuen Möllenvogtei vorbei gelangt man zur
dahinter liegenden Alten Möllenvogtei (Domplatz 1b),
deren Untergeschoss aus der Zeit um 1600 datiert. Seit
2007 befindet sich hier das Haus der Romanik, der zen-
trale Informationspunkt der »Straße der Romanik«, die
80 Zeugnisse romanischer Baukunst auf 1000 Kilome-
tern Streckenlänge verbindet. Hier ist eine Ausstellung
zum Leben und zu den Machtstrukturen im Früh- und
Hochmittelalter zu besichtigen.

Der Möllenvogt, der seinen Namen von einer einstmals hier befindlichen Mühle herleitete, war der Verwal-
ter und Vertreter des Erzbischofs in allen weltlichen An-
gelegenheiten auf dem Neuen Markt. Zur Möllenvogtei
gehört ein Garten, der eine der ältesten gärtnerischen
Anlagen der Stadt bildet. Eine besondere Bedeutung be-
sitzt das 1493 erbaute gotische Tor an der Südostecke der
Möllenvogtei – es ist das einzige erhaltene Stadttor aus
dem Mittelalter.

21 | Fürstenwall

Ehem. Wehrturm »Kiek in de Köken«

Der Fürstenwall wurde zu Beginn des 18. Jahrhunderts auf Befehl des Fürsten Leopold I. von Anhalt-Dessau angelegt, der ab 1702 fast ein halbes Jahrhundert lang als Gouverneur von Magdeburg wirkte. Über die gesamte Länge des Walls wurde eine Promenade mit Linden gestaltet, die zu den ersten allen Bürgern der Stadt zugänglichen Anlagen ihrer Art in Deutschland zählte. Dabei wurden die meisten der ursprünglich hier stehenden Wehrtürme abgetragen. Lediglich zwei blieben erhalten. »Kiek in de Köken« erhielt seinen Namen angeblich, weil die Turmwächter von der oberen Zinnengalerie aus in die Küche des erzbischöflichen Palais sehen konnten. Der Turm hat einen quadratischen Grundriss von etwa 7 x 7 Metern und ist etwa 13 Meter hoch. Der zweite erhaltene Wehrturm »Hinter der Ausfahrt der Möllenvogtei« wurde von 1587 bis 1859 als Wasserkunst genutzt, danach diente er als Bade- und Augenheilanstalt. Im Krieg schwer zerstört, wurde der Turm 1999–2003 von den privaten Eigentümern zu einem Büro- und Wohnturm umgebaut. Vom Fürstenwall führt eine Treppe hinab in den erstmals 1372 erwähnten Garten der Möllenvogtei. Er wird begrenzt vom 1842/44 errichteten Dienstgebäude des preußischen Oberpräsidenten, in dem heute das Wasser- und Schifffahrtsamt Magdeburg residiert.

Leopold I.

1676–1747, Fürst von Anhalt-Dessau, genannt »Der Alte Dessauer«. Nach erfolgreicher Teilnahme an vielen Schlachten widmete er sich 1715–1740 vor allem der Ausbildung des preußischen Heeres, das durch seine Reformen die schlagkräftigste Armee Europas wurde. Er legte viel Wert auf Disziplin (Einführung des Gleichschritts) und technische Ausbildung der Infanterie. 1702 bis 1747 war Leopold I. Gouverneur von Magdeburg und veranlasste den Ausbau der Stadt zur stärksten Festung Deutschlands.

22 | Bastion Cleve

Am südlichen Ende des Fürstenwalls erreicht man die erst in jüngster Zeit wieder ausgegrabene und rekonstruierte Bastion Cleve. Sie vermittelt einen Eindruck von den gewaltigen Dimensionen, die die einstige Festung Magdeburg besessen hat – die heimliche Hauptstadt Preußens in Kriegszeiten besaß etwa ein Dutzend dieser Bastionen, um ihre Stadtmauern zu schützen.

Die Ursprünge reichen an dieser Stelle bis ins Jahr 1240 zurück, als der Tartarenturm und vermutlich auch der Turm »Cleve« erbaut wurden. Zwei Jahrhunderte später errichtete man entlang der Elbe einen hölzernen Palisadenzaun mit steinernen Wehrtürmen. Um 1536 trat eine steinerne Mauer an die Stelle des Palisaden-zauns, die an der Südostecke durch die Bastion Gebhardt verstärkt wurde. Sie bestand aus einem Rondell und der den mittelalterlichen Turm umschließenden Bastei mit Schießscharten auf zwei Seiten. Das Gelände zwischen der Domklausur und dem Rondell wurde aufgeschüttet. Um den Weg von der Ausfahrt des Möllenvogteihofes zum Kloster Berge weiterhin nutzen zu können, zog man darunter ein 40 Meter langes Gewölbe ein, den heute noch vorhandenen sogenannten Förder. Mit einer Höhe von 3,70 Metern und einer Breite von 3,35 Metern konn-te er sogar von Pferdefuhrwerken befahren werden. Als Magdeburg ab 1686 zur Festung ausgebaut wurde, wur-de das Gelände ab 1709 unter Einbeziehung des Rondells zur Bastion Cleve ausgebaut und durch vorgelagerte Bastionen verstärkt. Nachdem sich die militärische Nutzlosigkeit der Festung erwiesen hatte, wurden in der Mitte des 19. Jahrhunderts die elbseitigen Bereiche zur Anlage von Eisenbahngleisen aufgeschüttet. 1872/73 erfolgte dann die Umgestaltung der Bastion Cleve zu ei-ner Gartenanlage. Erst mit der Freilegung und Sanierung der gut erhaltenen Teile der Bastion 2004–2008 kam ein bedeutendes Stück der Magdeburger Stadtgeschichte wieder ans Licht.

23 | Park am Fürstenwall

Der 1890 vom Gartenbaudirektor Johann Gottlieb Schoch errichtete Park am Anfang des Fürstenwalls bedeckt noch heute große Teile der Bastion Cleve. Seine Anlage stellt eine gelungene Verbindung der Altstadt mit den am Ende des 19. Jahrhunderts entstandenen palastartigen Häusern an der Augustastraße, der heutigen Hegelstraße, dar. Auf dem höchsten Punkt steht das 1878 geschaffene Siegesdenkmal, das an die Kriege von 1866 und 1870/71 sowie an die Reichsgründung 1871 erinnert. Es ist mit den Bronzebüsten von Moltke und Bismarck, von Kronprinz Friedrich und Kaiser Wilhelm I. geschmückt.

Am anderen Ende des Parks, an der Hegelstraße, findet sich das 1893 von Ernst Habs geschaffene Denkmal für Karl Friedrich Friesen (1784–1814), der gemeinsam mit Friedrich Ludwig Jahn den Turnsport begründete und an der Seite von Adolf Freiherr von Lützow 1812 aktiv an der Erhebung gegen Napoleon beteiligt war.

24 | Hegelstraße

Hinter dem Park am Fürstenwall beginnt die nach Süden führende Hegelstraße, die im letzten Viertel des 19. Jahrhunderts als Prachtallee nach Pariser Vorbild angelegt wurde. Sie gehört zu den wenigen Straßen der Innenstadt, die den Zweiten Weltkrieg relativ unbeschadet überstanden haben. Seit 1980 ist sie als städtebauliches Denkmal ausgewiesen. Nach aufwendigen Sanierungsarbeiten in den letzten Jahren erstrahlt sie heute wieder in voller Pracht.

Im »Palais am Fürstenwall« (Hegelstraße 42) befindet sich heute der Amtssitz des Ministerpräsidenten des Landes Sachsen-Anhalt (Staatskanzlei). Das prachtvolle Gebäude wurde 1889–1893 nach Plänen des Magdeburger Architekten Paul Ochs im Stil eines italienischen Renaissance-Palazzo als Dienstsitz der preußischen Generalkommandantur des IV. Armeekorps und als Gästehaus der kaiserlichen Familie erbaut. Hier residierte 1903–1911 Paul von Hindenburg (1847–1934), der spätere Reichspräsident, der 1933 Hitler zum Reichskanzler

Oben: Domgymnasium
Links: Siegesdenkmal

Staatskanzlei

ernannte. Bei der jüngsten Sanierung des Hauses erstand auch der Festsaal mit seinen Deckenmalereien im Stile florentinischer Fresken wieder in altem Glanz. Ein Besuch der eindrucksvollen Räumlichkeiten ist einmal pro Monat an einem Sonnabend im Rahmen von kostenfreien Führungen möglich; per Internet wird auch ein virtueller Rundgang mit 360-Grad-Ansichten angeboten.

Gegenüber der Staatskanzlei liegt das Domgymnasium, das in der Tradition der Klosterschule des 937 gegründeten Moritzklosters steht. 968 in eine Domschule umgewandelt, zählte sie im Mittelalter zu den bedeutenden Schulen Deutschlands. 1667 neu gegründet, erhielt sie 1879–1881 an der damaligen Augustastraße ein modernes Schulgebäude, in das das 1991 neu gegründete Ökumenische Domgynasium einzog.

Hegel-Gymnasium

Vorbei an den mit Schmuckelementen und -figuren überaus reich verzierten Wohn- und Geschäftshäusern der Gründerzeit gelangt man zur Leibniz-Schule (Hegelstraße 22), errichtet 1887/88 im neogotischen Stil, und zum ehemaligen Landesarchiv (Hegelstraße 25), errichtet 1906–1908 als Königliches Staatsarchiv für die Provinz Sachsen und seit 2001 Teil des Landeshauptarchivs Sachsen-Anhalt (Brückstraße 2).

Nach wenigen Metern trifft man auf das dritte große Schulgebäude an der Hegelstraße, das Hegel-Gymnasium (Postadresse: Geißlerstraße 4). Es wurde 1913–1915 und 1918/19 im Jugendstil als Viktoriaschule erbaut und diente als Städtisches Lyzeum und Oberlyzeum, also dem Unterricht von Mädchen und jungen Frauen. 1945–1991 nutzte es die sowjetische Besatzungsmacht als Haus der Offiziere, bis 1996 das Hegel-Gymnasium Einzug hielt.

25 | Steuben-Denkmal

In der Harnackstraße, einer kurzen Verlängerung der Hegelstraße, steht an der Kreuzung zur Planck- und Seumestraße das Denkmal für Friedrich Wilhelm von Steuben. Der gebürtige Magdeburger spielte im US-amerikanischen Unabhängigkeitskrieg eine große Rolle, an die bis heute die jährliche Steuben-Parade auf der Fifth Avenue in New York erinnert. Das Original des Denkmals, geschaffen von dem amerikanischen Bildhauer Albert Jaegers, wurde 1910 am Weißen Haus in Washington enthüllt, zwei Nachgüsse kamen 1994 nach Potsdam und 1996 nach Magdeburg.

Friedrich Wilhelm von Steuben

1730–1794, Militär. Der gebürtige Magdeburger begann seine militärische Laufbahn im preußischen Heer während des Siebenjährigen Krieges (1756–1763). 1777 ging er auf Vermittlung von Benjamin Franklin nach Nordamerika, wo er die Kontinentalarmee im US-amerikanischen Unabhängigkeitskrieg reorganisierte. Er war zeitweilig Generalstabschef von George Washington. Steuben gilt als Architekt der amerikanischen Unabhängigkeit auf militärischer Ebene, da es ihm gelang, untereinander zerstrittene und militärisch unerfahrene Gruppen von Freischärlern in eine schlagkräftige Armee zu verwandeln.

26 | Hasselbachplatz

Durch die Planckstraße gelangt man zur Sternstraße, in der eine ganze Reihe überaus prachtvoller Gründerzeitbauten die Zerstörungen des Zweiten Weltkriegs überstanden hat. Die Sternstraße führt zum Hasselbachplatz, der im Zuge der großen Stadterweiterung von 1869 bis 1872 entstand und ebenfalls durch reich verzierte Prachtbauten geprägt war. Nach dem Oberbürgermeister Carl Gustav Friedrich Hasselbach benannt, in dessen 30-jährige Amtszeit die Entwicklung Magdeburgs zur modernen Industrie- und Großstadt fiel, entwickelte sich der Platz schnell zu einem Verkehrsknotenpunkt, dem 1927 der ursprünglich hier errichtete Monumentalbrunnen zu Ehren des Bürgermeisters weichen musste; der Hasselbachbrunnen ist heute auf dem Haydnplatz zu finden. In den letzten Jahren hat sich der Bereich um den Hasselbachplatz zum Kneipenzentrum von Magdeburg entwickelt.

Das bekannteste Haus am Platz heißt im Volksmund »Plättbolzen« (Breiter Weg 232a). Errichtet 1886 auf annähernd dreieckiger Grundfläche, sieht es aus wie ein Bügeleisen (Plättbolzen) und gehört damit zur illustren Schar der in der ganzen Welt verteilten »Bügeleisen-Häuser«, deren berühmtestes wohl das Flatiron Building in New York ist.

Carl Gustav Friedrich Hasselbach

1809–1882, Kommunalpolitiker. Hasselbach wurde im August 1851 zum 1. Bürgermeister und kurze Zeit später zum Oberbürgermeister von Magdeburg ernannt. In den 30 Jahren seiner Amtszeit leistete er einen entscheidenden Beitrag bei der Entwicklung Magdeburgs zur Groß- und Industriestadt. Er bereicherte die Stadt durch elementare Modernisierungen wie z. B. das Gaswerk (1853), das Wasserwerk (1859) und die Kanalisierung der Stadt. Sein größtes Verdienst ist die Erweiterung der Stadt durch Durchbrechung des Festungsgürtels, ohne die eine Entwicklung zur modernen Großstadt nicht möglich gewesen wäre.

27 | Breiter Weg

Einst war der Breite Weg die Prachtstraße von Magdeburg. Gut 2000 Meter lang, erstreckt er sich parallel zur Elbe vom Hasselbach- zum Universitätsplatz. Besonders der Mittelteil beiderseits der heutigen Ernst-Reuter-Allee war bis zu den Zerstörungen 1945 von einer Fülle wunderbarer Barockhäuser geprägt und galt als eine der schönsten Barockstraßen Deutschlands. Nach Süden hin, bis zum Hasselbachplatz, schlossen sich die um 1900 errichteten, prächtigen Wohn- und Geschäftshäuser der Gründerzeitepoche an. Von all diesem Reichtum ist heute nur noch wenig zu sehen. Immerhin sind im südlichen Bereich des Breiten Weges noch etliche Gründerzeitbauten erhalten, die in den letzten Jahren aufwendig saniert

Links: »Plättbolzen« am Hasselbachplatz

Plattenbauten am Breiten Weg bis zu ihrem Abriss 2014

wurden, etwa das Wohnhaus Nr. 232 mit reichem Figurenschmuck oder das Haus der Evangelisch-methodistischen Kirche (Nr. 230).

Bis vor wenigen Jahren bot sich auf der gegenüberliegenden, östlichen Seite ein Bild erschöpfender Langeweile. Um in kurzer Zeit dringend benötigten Wohnraum zu schaffen, waren in den 1960er Jahren mehrere endlos lang erscheinende Plattenbauten am Breiten Weg errichtet worden, die der vielgestaltigen Baukunst früherer Jahrhunderte die Monotonie des industriellen Massenwohnungsbaus der DDR-Zeit entgegensetzten. Die erste dieser achtgeschossigen Wohnscheiben wurde bereits in den 1990er Jahren abgerissen und durch den Neubau der »Grünen Zitadelle« ersetzt (siehe Nr. 32).

In jüngster Zeit wurden auch die weiteren Plattenbauten dem Erdboden gleichgemacht. In den kommenden Jahren sollen sie durch attraktive Neubauten ersetzt werden, wobei auch die Aufweitung der Straße zurückgenommen und der historische Raum wiedergewonnen werden soll. Es bleibt abzuwarten, ob sich der Breite Weg wieder zu einer Flaniermeile entwickeln kann, wie sie Fotografien des frühen 20. Jahrhunderts eindrucksvoll im Bild festgehalten haben (vgl. S. 3).

Jürgen Sparwasser
Geb. 1948, Fußballer. Sparwasser spielte 1966–1979 für den 1. FC Magdeburg und war Mitglied der A-Nationalmannschaft der DDR. Bei der Weltmeisterschaft 1974 schoss er das entscheidende Tor bei der historischen Begegnung DDR – BRD. Mit dem 1. FC Magdeburg war er sehr erfolgreich und wurde u. a. viermaliger DDR-Pokalsieger.

28 | Schauspielhaus

Theaterkasse Tel. 0391 5 40 65 55

Biegt man vom Breiten Weg nach links in die Behringstraße ein, steht man nach wenigen Schritten vor dem Magdeburger Schauspielhaus (Postadresse: Otto-von-Guericke-Straße 64). Es gehört zum Theater Magdeburg, einem Viersparten-Theater mit eigenen Ensembles für Musiktheater, Ballett, Konzert und Schauspiel. Seit Herbst 2005 hat es sein Domizil im modernisierten Schauspielhaus am Friedensplatz. Als modernes Repertoiretheater widmet es sich besonders auch der zeitgenössischen in- und ausländischen Dramatik.

Den Kern des Theatergebäudes bildet die 1873 errichtete Villa des Ingenieurs Ferdinand Friedrich August Klusemann, der sich auf den Bau von Zuckerrübenfabriken spezialisiert hatte. 1907 ging das Haus in den Besitz der Magdeburger Harmoniegesellschaft über, die es umbauen und u. a. zwei große, mit edelsten Materialien ausgestattete Säle einfügen ließ. Ab 1945 diente das Haus als Spielstätte des Maxim-Gorki-Theaters, aus dem 1990 die Freien Kammerspiele hervorgingen, die 2004 mit dem Theater Magdeburg fusionierten.

Kulinarische Spezialitäten
Magdeburg ist nicht gerade für seine Küche berühmt, dennoch gibt es einige Spezialitäten, die man einmal probieren sollte: Als lokale kulinarische Spezialitäten gelten »Bötel« (Eisbein mit Sauerkraut, Erbsenpüree und Salzkartoffeln), die »Gehacktesstippe«, eine dunkle Sauce mit gemischtem Hackfleisch, die mit Kartoffeln gegessen wird, und die »Pottsuse«, ein Brotaufstrich aus Schweinefleisch, Schmalz und einigen Gewürzen.

29 | Kulturhistorisches Museum / Museum für Naturkunde

Di–Fr 10–17 Uhr, Sa/So 10–18 Uhr

Das Kulturhistorische Museum (Otto-von-Guericke-Straße 68–73) hat sich mit seinen reichen Sammlungen, vor allem aber mit den spektakulären Sonderausstellungen der letzten Jahre zu einem in ganz Deutschland und darüber hinaus wahrgenommenen Museum entwickelt und zieht Besucher aus der ganzen Welt an. Schwerpunkte der Dauerausstellung sind einerseits die Anfänge der deutschen Geschichte (Otto I. und Magdeburg), andererseits eine detaillierte Darstellung der Magdeburger Stadtgeschichte.

Das Museum wurde 1906 als Kaiser-Friedrich-Museum eröffnet. Der Neubau war erforderlich geworden, weil das Städtische Museum am Domplatz die überaus reichen Sammlungen, darunter Gemälde von Dürer und Cranach, nicht mehr fassen konnte. Das Haus entstand nach Plänen des Architekten Friedrich Ohmann aus Wien, der einen mehrflügeligen Bau im Stil der Spätrenaissance entwarf. Herzstück wurde der »Magdeburger Saal«, ein sich über zwei Etagen erstreckender großer

Links: »Magdeburger Reiter«

Raum von 16 Metern Höhe; in einer der daran anschließenden »Kapellen« ist heute das Original des »Magdeburger Reiters« zu bewundern, während sich auf dem Alten Markt eine moderne Kopie befindet. Besonderer Blickfang des Museums ist das monumentale Wandgemalde von Arthur Kampf, das auf 110 Quadratmetern Szenen aus dem Leben Ottos I. präsentiert.

Sehr sehenswert sind die Ausstellungsräume zur Geschichte der Stadt Magdeburg von den Anfängen über die mehrfache Zerstörung (mit einem eindruckvollen dreidimensionalen Modell der Kriegsschäden bei Kriegsende 1945) bis zur Friedlichen Revolution von 1989 und ihren Folgen.

Im gleichen Gebäude befindet sich auch das Museum für Naturkunde, das auf die Sammlungen des 1869 gegründeten Naturwissenschaftlichen Vereins zu Magdeburg zurückgeht. Mittlerweile sind die Bestände auf über 250 000 Objekte angewachsen und umfassen die Gebiete der Geologie, Mineralogie, Paläontologie sowie Botanik und Zoologie.

Auf dem Weg vom Museum zur Sebastianskirche passiert man an der Danzstraße den Immermann-Brunnen, der an den Magdeburger Juristen, Schriftsteller und Dichter Carl Leberecht Immermann (1796–1840) erinnert.

Immermann-Brunnen

30 | St. Sebastian

Westportal

Die katholische Kirche St. Sebastian ist seit 1994 die Kathedrale des neuen katholischen Bistums Magdeburg. Ihre Geschichte geht bis in die Zeit um 1015 zurück, als Erzbischof Gero hier den Grundstein für eine neue Kirche legte. In der ersten Hälfte des 14. Jahrhunderts wurde die Kirche unter Beibehaltung des romanischen Grundrisses im gotischen Stil umgebaut und 1489 neu geweiht. Im Zuge der Reformation entsagten die Stiftsherren 1558 dem katholischen Glauben, und St. Sebastian wurde evangelisch. 1573 erfolgte die Umwandlung in ein protestantisches Stift. Ab 1573 wirkte der Schriftsteller und Pädagoge Georg Rollenhagen als Erster Prediger. Bei der Erstürmung Magdeburgs 1631 brannte die Kirche nieder. Erst 61 Jahre nach der Zerstörung fand 1692 wieder ein Gottesdienst statt. Ab 1756 diente die Kirche als Magazin, später sogar als Feldschmiede und Lager für Bier, Branntwein und Salz, schließlich ab 1823 als städtisches Wolllager.

1873 wurde St. Sebastian Pfarrkirche der römisch-katholischen Gemeinde. Es erfolgte eine Renovierung und die Errichtung neuer Steingewölbe. Beim Bombenangriff auf Magdeburg am 16. Januar 1945 wurde die Kirche beschädigt, doch konnten die Schäden schnell beseitigt

Georg Rollenhagen
1542–1609, Pädagoge und
Schriftsteller. Der promo-
vierte Theologe wirkte ab
1575 als Rektor der Mag-
deburger Stadtschule, die
unter ihm zu überregiona-
ler Bedeutung gelangte.
1573–1609 war er Prediger
in der Sebastianskirche.
Parallel dazu entwickelte
er sich zu einem bedeu-
tenden Schriftsteller und
Schuldramatiker. Sein
berühmtestes Werk ist der
»Froschmeuseler« (1595),
in dem er das Zeitalter der
Reformation in Form einer
epischen Tierdichtung
schildert, sich satirisch
gegen den Krieg wendet
und eine bürgerliche Ethik
unterstützt.

werden. Da die übrigen innerstädtischen Kirchen stark
zerstört waren, erfolgte zunächst eine gemeinsame Nutzung durch die verschiedenen Konfessionen. Ab 1949
diente St. Sebastian als Bischofskirche des Weihbischofs
des Erzbistums Paderborn – und dies ungeachtet der
staatlichen Teilung Deutschlands! 1994 wurde Magdeburg wieder ein eigenständiges katholisches Bistum mit
St. Sebastian als Kathedrale.

Der Innenraum wurde neu gestaltet und ein über-
dachter Kreuzgang hinzugefügt. Die Altarinsel wurde
zum Teil neu gestaltet, es wurde ein neuer Volksaltar
errichtet, in dem sich eine Zahnreliquie des Hl. Sebastian befindet, die der Schädelreliquie der Wiener Schot-
tenabtei der Benediktiner entstammt und für die Altar-
weihe entsandt wurde. Aus anderen, verlorenen Kirchen
kamen wertvolle Kunstwerke, darunter zwei gotische
Marienaltäre und das lebensgroße Kruzifix aus dem
15. Jahrhundert. Bei der umfassenden Restaurierung
zu Beginn der 1990er Jahre erhielt das Westportal eine
reich verzierte Bronzetür mit Motiven aus dem Alten
und Neuen Testament, entworfen von Jürgen Suberg.
Als krönender Abschluss der Renovierungs- und Um-
gestaltungsmaßnahmen wurde 2005 die neue Orgel
eingeweiht.

31 | Justizzentrum Eike von Repgow

Von St. Sebastian führt der Rundgang wieder zurück auf den Breiten Weg. Linker Hand gelangt man zum ehemaligen Hauptpostgebäude (Breiter Weg 203–206), erbaut 1895–1899 nach Plänen von Peter Sell. Die prunkvolle Fassade wurde im Stil der niederländischen Spätgotik gestaltet, der Westbau im Stil der deutschen Renaissance. Dem Bau der Hauptpost mussten verschiedene Gebäude, darunter die Deutsch-Reformierte Kirche, weichen. Zur Erinnerung an Friedrich Wilhelm von Steuben, der 1730 dort getauft worden war, befindet sich an der Hauptpost eine Gedenktafel. 1990 wurde die Fassade des Hauptpostgebäudes umfassend restauriert, wobei die Statue von Kaiser Otto I. über dem Hauptportal ihren im Krieg abgeschossenen Kopf zurück erhielt. Nach dem Umbau in den Jahren 2005/06 entstand hier ein modernes Justizzentrum, in dem das Amtsgericht, das Arbeitsgericht, das Sozialgericht, das Verwaltungsgericht und die Staatsanwaltschaft Magdeburg sowie das Oberverwaltungsgericht für das Land Sachsen-Anhalt unter einem Dach vereint sind. Namensgeber ist Eike von Repgow, der Verfasser des ältesten deutschen Rechtsbuches (»Sachsenspiegel«, 1220/30).

Eike von Repgow
1180/90–nach 1233, Jurist. Eike entstammte vermutlich einer Familie mit Sitz und Stammgut in Reppichau, die zu den Vasallen der Erzbischöfe von Magdeburg gehörte. Über sein Leben ist wenig bekannt, vermutlich war er als Schöffe tätig. 1220/30 schuf er mit dem »Sachsenspiegel« das älteste und bedeutendste Rechtsbuch des deutschen Mittelalters und zugleich eines der ersten Prosawerke in deutscher Sprache. Das Buch wurde zum juristischen Vorbild. Der »Sachsenspiegel« galt in Preußen bis zum Allgemeinen Landrecht von 1794, in Sachsen sogar bis zur Einführung des Sächsischen Bürgerlichen Gesetzbuches 1865.

32 | Grüne Zitadelle von Magdeburg

Führungen Apr.–Okt.: Mo–Fr 11, 15, 17 Uhr,
Sa / So stündlich 11–17 Uhr;
Nov.–März: Mo–Fr 11, 15 Uhr, Sa / So 11, 13, 15 Uhr

Joachim Streich
Geb. 1951, Fußballer.
Streich spielte 1975 bis
1985 für den 1. FC Mag-
deburg und war in dieser
Zeit einer der erfolg-
reichsten Torschützen
der Mannschaft. Er wurde
viermal Torschützenkönig
der DDR-Oberliga und
gewann dreimal mit dem
1. FC Magdeburg den
DDR-Fußballpokal. Streich
wirkte als Spieler der
A-Nationalmannschaft bei
den Olympischen Spielen
1972 und der Weltmeister-
schaft 1974 mit. 1985 bis
1991 war er Cheftrainer in
Magdeburg.

Gegenüber dem Justizzentrum findet sich der originells-
te Neubau Magdeburgs, die »Grüne Zitadelle« (Breiter
Weg 9). Es ist das letzte Bauwerk des österreichischen
Künstlers Friedensreich Hundertwasser und wird daher
oft auch »Hundertwasserhaus« genannt. Es steht an der
Stelle eines monotonen Plattenbaus und ist mit seiner
gesamten Formensprache das genaue Gegenteil der industriellen Massenbauweise. Das Bauwerk, nach Hun-
dertwassers Tod errichtet unter der Leitung des Architekten Peter Pelikan, wurde am 3. Oktober 2005 eröffnet
und zählt heute zu den größten Attraktionen der Stadt.
Mit seinen goldenen Kuppeln und den »tanzenden«
Fenstern, dem welligen Pflaster im grünen Innenhof,
den unerwartet sich öffnenden Durchgängen und den
gras- und baumbewachsenen Dächern verblüfft es die
Besucher stets aufs Neue. Im Erdgeschoss befinden sich
mehrere Läden, ein Café, ein Restaurant und ein Hun-
dertwasser-Geschäft.

33 | Breiter Weg, Himmelreichstraße

Geht man den Breiten Weg weiter nordwärts, so gelangt man an einer Reihe von Wohnhäusern vorbei, mit denen 1951 der Wiederaufbau Magdeburgs begann. Der »Bärbogen«, der die Durchfahrt zur Bärstraße überspannt, erinnert daran.

Auf der gegenüberliegenden Straßenseite befinden sich die beiden letzten erhalten gebliebenen Barockgebäude, die eine Ahnung davon vermitteln können, wie die einstige Prachtstraße Magdeburgs im 18. und 19. Jahrhundert einmal aussah. Es handelt sich um die Häuser mit den Nummern 178 und 179, die 1727 bis 1730 erbaut wurden. Mit jeweils 6,50 Metern Breite gehörten sie zu den kleinsten Häusern dieser Straße. In den Giebeln befanden sich einst Winden, um Waren zum Einlagern auf den Dachboden bzw. Speicher zu transportieren. Deswegen sind die unterseitigen Gesimse unterbrochen. Das neben ihnen an der Ecke von Breitem Weg und Himmelreichstraße gelegene, mit reichen Stuckelementen verzierte Geschäftshaus lehnt sich an die barocke Formensprache an, stammt jedoch erst aus der Zeit um 1900.

»Bärbogen«

Breiter Weg, Ecke Himmelreichstraße

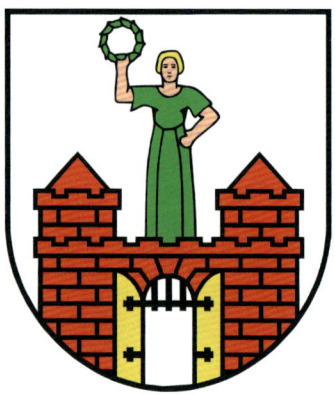

Magdeburg an einem Tag. Ein Stadtrundgang

Herausgegeben von Mark Lehmstedt

Text: Günter Müller

Lektorat: Kristina Schulze/Lehmstedt Verlag

Karte: OpenStreetMap-Mitwirkende, geodressing.de

Fotos: Steffen Lehmann/Niederndodeleben (U1, U2), Mareike Bardenhagen (U1 Klappe, U4, S. 5–14, 15 u., 16–18, 20–24, 27, 36, 45–52, 55, 57, 59, 61–63), Günter Müller (S. 15 o., 19, 25, 26, 28–33, 35, 37–42, 44, 54, 56, 58, 60), Hans Blossey/Alamy Stock (S. 34), Torsten Pape (S. 43), Staatskanzlei Magdeburg/ W. Klapper (S. 50 o.), Verlagsarchiv

Gestaltung: Mareike Bardenhagen/Lehmstedt Verlag

Druck: druckhaus köthen GmbH & Co. KG, Köthen (Anhalt)

Umschlag:

1: Dom

2: Otto-von-Guericke-Denkmal mit Neuem Rathaus

3: Blick auf den Dom vom östlichen Elbufer

4: Magdeburger Reiter auf dem Alten Markt

5: Hauszeichen der ehemaligen Börse am Alten Markt

© Lehmstedt Verlag, Leipzig

2., vollständig überarbeitete Auflage, 2020

ISBN 978-3-942473-33-0